祥云轩
古玉收藏与研究

李祥云 著

文物出版社

图书在版编目(CIP)数据

祥云轩古玉收藏与研究 / 李祥云编著. —北京：文物
出版社，2003
ISBN 7-5010-1444-2

Ⅰ.祥... Ⅱ.李... Ⅲ.古玉器－收藏－中国－图
集 Ⅳ.① G894 ② K876.8

中国版本图书馆 CIP 数据核字（2003）第 003592 号

祥云轩古玉收藏与研究

著　　者：李祥云
责任编辑：子　长
摄　　影：刘小放　徐毅力
英文翻译：张　旸　李　同
装帧设计：王　绘
制　　版：北京精制轩彩色制版有限公司
印　　刷：北京国彩印刷有限公司
开　　本：889×1194　1/16
印　　张：12.625
插　　页：1
版　　次：2003 年 1 月第一版　2003 年 1 月第一次印刷
出版发行：文物出版社
　　　　　北京五四大街 29 号
　　　　　http: www.wenwu.com
　　　　　E-mail: web@wenwu.com

书　　号：ISBN 7-5010-1444-2/K·688
定　　价：320.00 元

Xiangyun Xuan Antique Jade Collection and Research

By Li Xiangyun

Cultural Relics Publishing House

Xiangyun Xuan Antique Jade Collection and Research

Auther: Li Xiangyun

Editor: Zi Chang

Photograph: Liou Xiaofang   Xu Yili

Translator: Zhang Yang   Li Tong

Size: 889 × 1194 1/16

Edition: Jan.2003, First Edition

Publisher: Cultural Relics Publishing House

29 Wusi Dajie Beijing China

http: www.wenwu.com

E-mail: web@wenwu.com

ISBN 7-5010-1444-2/K · 688

中国古玉，是中华民族古典艺术中极其丰富、极其优美、极其博奥、极其浩繁的文化宝藏。

——作者

China antique jade, is an extremely abundant, elegant, profound and vast culture treasure of Chinese ancient arts.

——The Author

目　录

三、玉色与玉沁

收藏

Contents

图 版 目 录

收藏

List of Plates

序

周南泉

李祥云先生原是《章回小说》杂志社的主编。他在长期工作的业余时间及退休后的几年中，从事中国古代玉器的收藏与研究，亦为本人古玉鉴赏的同好与挚友。由于他的努力，集多年之功，现已收藏古玉数百件。今年初，他设想将收藏古玉的一部分向世人展示，并将自己关于古玉收藏与研究方面的文章同时发表。这些设想，得到文物出版社的支持。本书出版的是从其藏玉中鉴选的100件精品。文物爱好者的私人藏玉得以正式出版，据本人所知，在国内还不多见，相信会引起民间藏玉者和收藏家的关注与兴趣。

在中国文化史上，古玉收藏已有数千年历史。据史载，周武王伐纣，周王在商都得玉数以万计。商纣王自焚时，其周身包裹随火烧毁的玉器就有几万件。从考古发掘的资料看，良渚文化一位年仅30岁左右的男性神权代表死后，陪葬古玉百余件。上个世纪80年代，在河南安阳殷墟的"妇好"墓中，不仅发现商代玉器数百件，而且还发现有早于埋葬年代数百年或上千年的玉器，其中有的来自商王朝周边地区，足见这位王妃及当时的王公贵族们喜好藏玉。商周之后，藏玉之风常盛不衰，并成为中国文化传统延续至今。

各代藏玉之人，考察其身份，有官藏私藏之分。所谓官藏，广义来说，早期的帝王宫室及后来特别是上个世纪兴盛的国家博物馆收藏等，均属此类。私藏，是指除上述以外的民间人士的收藏。据史书记载和考古资料证实，我国私人藏玉最晚始于宋代。此后，民间藏玉经久不衰，尤以明清两代为盛。今日在大中华文化圈内，仍有众多的古玉爱好者与收藏者。从历史的角度看，无论官藏私藏，古玉收藏的兴衰无不与当时

的社会稳定、经济强盛、文化发达及人们安居乐业与否密切相关。当今，又逢盛世，文物收藏成为许多人的业余爱好，它如同雨后春笋一样，蓬勃发展。李先生古玉藏品能出书面世，正是在当今国家兴旺发达的大环境下促成的。

李先生的古玉藏品，多数经笔者鉴赏。因他长期居住和工作在东北地区，故其藏品多数是红山文化和辽金时期玉器。又因他对红山文化玉器情有独钟，又有多年的收藏实践，接触了较多的玉器实物，故他对红山文化玉器亦有一定的鉴赏能力和相关知识，更有一些与常人不同的研究体会。这些知识和体会，即使是对于像笔者这样数十年与古玉打交道的"内行"人，也很有启发和受益匪浅。惟因他是一位业余自学成才者，与其他业余古玉收藏者情况相似，在辨别玉器真伪方面必定有"走眼"的局限性。笔者应李先生之邀，为本书作序，略谈红山文化古玉收藏与鉴赏知识，哪怕是一家之言，或许对他及爱好古玉的读者，会有相互学习和借鉴的地方。

红山文化玉器采用的玉料，是我们鉴定红山玉器真伪的首要问题，以往的鉴赏者似不太注意。对这个问题的认识，我们不外从考古资料和现存伪古玉器中诸多因素综合研究，方可寻找答案。如考古发现的红山文化玉器所采用的材质，有微透明或半透明两种，大多表面有温润光亮和平滑细腻的手感。其硬度为摩氏硬度5~6之间。有些玉材，如内蒙古三星它拉采集的那件玉龙及本书图5、26、40等玉器的质感，与通常认为后来才出现的新疆玛纳斯碧玉相似，它们很可能就是该地所产之玉，或是出于所产玉材相同性质的

另一处地点。其具体产地，若排除玛纳斯所产之玉的话，推测其产地很可能在东北或内蒙古，或靠近这一文化区域的蒙古国或俄罗斯远东地区的某地。但几乎可以肯定的是不产于红山文化区域内。这种玉料之确切产地尚在调查之中，至今仍无定论。这也就是说，用这种玉料制成的红山文化玉器，其可信度是肯定的。因为其独特玉料的产地还未找到。

红山文化玉料，除上述碧色玉一种外，还有一些是白色或淡绿色者，或基本色呈上述两色，但亦有黄色夹杂，即通常称之黄白或黄绿色玉者。用这种玉料做成之器，最典型的是数年前在翰海拍卖公司拍出的所谓"玉太阳神"、"玉龙"和"玉猪龙"及本书的图13、39、45、47等器。这类玉材的产地已基本清楚。其产地有两处，均在红山文化区域范围内。其中硬度较大的一种，性质以透闪石为主体，硬度接近6，人称"真玉"或"软玉"，即文物界和地质界俗称为"老岫玉"者，产于辽宁省的宽甸县(今又称宽甸玉)。一些硬度较低、即在5度左右，玉质主体属蛇纹石者，产地主要在今辽宁省的岫岩县一带，今多称其为"岫岩玉"。值得指出的是，这类玉材因确定为红山文化所用玉料，产地亦在红山文化区域内，取材方便而且价格不贵，故今伪仿者多用它制作假红山文化玉器。

除上述两类玉料外，还有一些玉料，特别是那些浸色较重，甚至整件玉器都已浸蚀变质和变色者，因其玉料原质被浸蚀掩盖无法用肉眼辨认，故其性质及玉料产地无法确认。它们的真实情况尚待作详细的科学检测后方可验证。但有一点似可肯定，它们石性较重，质较松软，在当时应为次玉，其后各代多不用它们制作玉器。

红山文化玉器的本来颜色，有白、青、碧、黑或青中带黄、白中带黄诸色，典型的黄玉极罕见，少数亦见有灰白色者。

红山文化玉器沁色，或称为浸色者，因所用玉料的不同、埋葬地点不同而有所区别，即有多少或深浅之分。总的来说，前述新疆玛纳斯碧玉、宽甸玉与岫岩产的岫玉三种玉料，即使在土中埋藏五六千年，其沁色亦较少或浅，往往只在某件玉器外表的局部或原有绺纹及有磕缺损伤等处有所表现(图53)，更很少有被沁色整体掩盖者。据此，不难得出如下的结论，即

凡经检测，是用上述三种玉料制成的"红山文化"玉器，若整件玉器均被钙化或呈鸡骨白色或有很重很浓的其它浸蚀色掩盖者，其真实性就有问题。值得注意的情况是，上述三种玉料，若是在河流泥沙中采集者，因其长期与本身以外物质混杂，故往往在未做玉器前其外表就有天然浸蚀的皮色，一般呈黄、灰或红褐色，其情况很似出土器上的浸蚀色。这些皮色，在红山文化做玉者看来，是玉料之毛病，即所谓的瑕斑，在制作玉器前，几乎都要把它全部去除。本人在鉴定一些伪作红山文化玉器时发现，造伪者为使新做玉器有如土中埋藏而形成的自然土沁感，常留下外表一些皮色。因其沁色，无论受沁的天然感、受沁部位还是深浅程度等几与出土真品玉器同，故鉴定时必定要把两者严格区别。依本人经验，凡"红山文化"玉器留有玉皮原沁色者，几乎都可断定为伪品。因为如上所述，红山文化玉工们制作玉器时，是不留皮色的。此外，伪作红山文化玉器，亦见一类所谓的"老玉新工"器，即作伪者用出土的大件或残破玉器(主要是其上有一定的沁色和没有纹图者)，改做成若干小件"红山文化"伪品，且大多在其上琢饰纹饰，以获取更大的利益。因这类玉器是用旧玉器改做，其上的局部沁色和包浆等与真品很似，再加上纹图略作伪装，故其真伪一般鉴赏者是很难区别的。当然，在鉴定这类伪玉器时，如能注意其形体和工艺细微处是否有真红山文化玉器的特点，往往会得出正确的结论。

红山文化玉器的制作工艺与其上留下的工艺琢磨痕，亦有很强烈的文化特征，若能留意其特定的细微特征，往往对鉴定其真伪能起到决定性作用。从现有的实物资料看，当时做玉器的基本工序，与其前后各文化期或朝代相似，即亦需经采玉料、看料取材、因材施艺及制作玉器时的开料、切割成形、琢磨纹图、穿孔和抛光等多道工序。施工时，亦需用不同质料做成的工具，带动水和糨糊状的解玉沙(亦名金刚沙)加工完成每一件玉器。但具体到各道工序时，在真正红山文化玉器上则又表现出与其它时期明显的差异。如因材施艺方面，红山文化的玉器，有很大一部分是对玉料略施琢饰完成的。其中又以神异动物和写实动物器采用此法者居多。故即使是同一型玉器，其大小厚薄和五官形式也往往各有所别。甚至可以说，它们中没有

一件是完全相同的。又如穿孔，当时的玉器几乎都有一个或数个不等。其孔有一部分是两孔斜穿相通，有的是两面对穿相通，且在孔内都留有似来福线的穿钻痕。其孔均呈喇叭形（又称马蹄形），而且打孔时对接不正。又如其上的纹图线条，均用单条阴线和粗细不等的较粗的凹槽表现，与其它时期有别。若用放大镜观看，其中较粗凹槽的制作，是先用大小不等的宽边砣具沿阴线凹槽横向磨琢后，再用粗细不等的竹木或石棍条棒顺着阴线凹槽来回拉动磨擦。因此，其上的阴线凹槽仍能看到先后两种方法加工留下的痕迹。又如玉器的边沿，由于制作玉器的最后一道工序是用动物的皮或瓜果的皮磨擦抛光，即使至今已有五六千年之久，其表面仍有光泽莹润感。

红山文化玉器的品种，科学的发掘品中，见者有玉外方内圆形器、玉双联或三联或四联璧、玉勾形器、玉勾云纹形器、玉兽面丫形器、玉三孔器、玉马蹄形器、玉双龙首璜、玉鱼、玉蝉、玉龟、玉鸮、玉熊、玉凤、玉兽形玦（又名玉猪龙）、玉龙等。在传世品中，还见玉母神、玉"太阳神"、玉神人等。更值得指出的是，还有一些以上述造型重新组合成另一种复合型器，见者有"太阳神"与鸮复合成神人鸮冠器、龙凤复合（或共身）器等（图55、56、64、65）。这些出土或传世玉器，是今天研究和了解红山文化宗教信仰、社会生活和意识形态等不可多得的实物资料，具有重要的历史价值、艺术价值和科学价值。

李先生藏玉已有很长的时间，既有可观的收获和心得，亦有因一时走眼而收藏了一些赝品的教训。这在民间收藏中是不可避免的普遍现象。即使如此，客观来说，在一定程度上也有积极的一面，因为不交点"学费"，要想成为一位名符其实的赏鉴家，谈何容易。以笔者的经历而言，要想成为一位真正的收藏家，又要少走弯路，在收藏古玉之前，必须经历两个阶段：第一个阶段，可以说是准备阶段，即学习阶段，不仅要听古玉鉴赏名师的指导，而且要大量阅读古文献资料、古玉图书和论文；大量观看真伪古玉实物（如博物馆藏品、私人收藏家藏品、地摊市场或拍卖品会上的实物等）；有机会还要尽可能上手观看玩弄。第二个阶段，是自我考察对古玉的断代与辨伪能力。这个过程中，学习效果如何则因人而异。凡能力较强者，在第一个阶

段有很强的进取心者，很可能经一定时间磨练后对实物真伪观察会有八九不离十的认识；能力较差者，就收获较小。值得指出的是，这里所说的"考察"，不是马上就去收藏或与人交换古玉，而是自我测试与摸索。如在观看实物时，不看已有的断代说明，不问别人的鉴定意见，而是自己运用学习来的知识去判断，然后对照断代说明或请问行家的鉴定意见，以此来测试自己断代与辨伪水平。从不断地失误，到正确地判断，再不断地总结，达到认识不断地提高。当自己的鉴别能力达到百分之九十以上时，方可进入真正的收藏阶段。

在实践收藏古玉时，当然要支出相应的金钱。但是因有实物在手而步入鉴赏的殿堂，这也是一个享受文化和提高知识的过程。以本人的体验及与众多藏玉者交流的体会来看，在此提出几点经验，供同好参考。

首先要注意的是据自己的经济实力，量力而行。收藏每一件古玉，应该主要是出于自己的爱好与兴趣，在对藏品进行稳妥保护的前提下进行精心的研究，以它们的历史价值、艺术价值与科学价值为基点，一步一个脚印地探其内涵。对其经济价值要以平常心态对待，不要把它的经济价值放到首位，而失去收藏古玉的首要意义。

值得注意的另一问题，是在进行收藏或交换古玉时，最好还要有一位资深的古玉鉴定家或有一定收藏鉴赏能力的收藏家当参谋或老师，为自己掌眼或担当最后一道把关者。收购古玉时，原则上先不交全款（可付一定的定金）或交换实物，当各方面都达到万全无误时，方可付款或交换实物。

收藏古玉要严格遵守《文物保护法》，不要违反国家的法律法规。藏品必须从合法的渠道获得，如从合法的民间收藏者手中、文物市场上和拍卖会上获得。凡盗掘的地下文物或被盗的博物馆藏品，绝对不能收藏为己有。古玉买卖或交换的对象，只能是我国的国家博物馆或有中国公民地位者。未经国家有关部门允许，不得与境外、海外的博物馆或私人收藏者从事文物交易活动，也不得以赠送或以其它方式使文物出境流失。保护国家文物是每一位公民的责任和义务。

2002.10.20

Preface

By Zhou Nanquan

Mr. Li Xiangyun is former Chief Editor of "Continuous Stories" Magazine. He has been a collector and researcher for China antique jade during his spare time and after he retired. He and I share the same interest in appreciating antique jade and are very good friends. Thanks to his efforts, he has collected hundreds pieces of antique jade over the years. At the beginning of the year, he began to consider to exhibit part of his collection to the world, and publish his articles on antique jade collection and research at the same time. His ideas received support from Culture Publishing House. This book has selected the best 100 pieces from his collection. It is still rare in China for a antique-lover's private collection to be a formal publication at Culture Publishing House. That is a very good thing and should be celebrated! I believe this publication will attract attention and interest from private jade collectors and connoisseurs.

Antique jade collection has had thousands of years of history on Chinese culture history. According to historical records, when Emperor Zhou Wu crusaded against Emperor Zhou, Emperor Zhou Wu got tens of thousands of Jade at Capital Shang. When Emperor Zhou burned himself to death, he packed tens of thousands of jade around him and let them be burned with him. According to archeological literature, in Liangzhu Culture, when a male representative of God died at his 30s, more than 100 pieces of jade were buried together with him. In the 1980s, in the "Fuhao" tomb of Henan Yin Ruins, hundreds pieces of jade were found. Along excavated were jade buried hundreds or thousands of years earlier than Fuhao Tomb and jade in adjacent areas to Shang Dynasty. Those discoveries gave evidence to the fact that the Queen and other Nobles at that time were fond of jade collection. After Shang and Zhou Dynasty, jade collection became a long lasting tradition of Chinese culture.

We can divide jade collectors into two groups: official collectors and private collectors. Generally speaking, early empirical collections and National Museum collections (especially prevailing in the last century) are all official collections. Private collections refers to jade collections by ordinary people excluding the "official collections" defined above. According to historical and archeological literature, private jade collection began before Song. After then, private collection became a long lasting tradition especially in Ming and Qing Dynasty. Today, in Great China culture circle, there are still enormous collectors and

fans of antique jade. Speaking from the angle of history, no matter official collections or private collections, the booming and depression of antique jade collection tradition is closely related to the stability of society, booming of economy, advancement in culture as well as happiness of people's life. Nowadays, we are in a strong and stable economy again, and antique collection becomes an avocation for many people. That tradition is growing as fast as bamboo roots are after the first precipitation in spring. The publication of Mr. Li's antique jade collection is also a result of economy and society prosperity.

I have appreciated most of Mr. Li's jade collections. Mr. Li lived and worked in Northeast China for a long time, so his collections are mostly pieces from Hongshan Culture and Liao and Jin period. Mr. Li is especially fond of Hongshan Culture jade. He has abundant collection experience, and had access to many real pieces of Hongshan jade pieces, hence he has certain ability to appreciate and lots of knowledge about Hongshan Culture jade. Mr. Li also has some unique research experience. Those knowledge and experience are improvising even for an "insider" like me, who have been dealing with antique jade for decades. However, similar to other amateur collectors, Mr. Li learned about jade collection all by himself, thus there are moments that he might make mistake about the authenticity of a piece of antique jade. Per Mr. Li's invitation, I am writing this preface for his book. Hopefully by briefing talking about collection and appreciation of Hongshan Culture antique jade, I can provide some useful information to Mr. Li and other jade fans even if what I said here is merely my 2 cents.

The primary evidence we can use to appreciate Hongshan jade is the jade material used. That point seems to be ignored by previous connoisseurs. We need to find answer by doing comprehensive research on archeological documents and current fake antique jade. For example, Hongshan Culture Jade uncovered in archeology excavation has two kinds of materials: slightly transparent jade and translucent jade. They all have mild luster and they feel smooth. Their hardness is between Mohs 5-6. Some jade, for example, the Jade Dragon collected in Inner Magnolia and attached picture 5, 15, 32 of this book, has similar quality with Xijiang Manasi Green Jade. They might have used the same material, or similar material from another location. The location, if not Manasi, is probably somewhere in Northeast China or Inner Magonlia, or Outer

Magnolia or Far East, Russia. One thing we can conclude is that the kind of jade cannot be found in Hongshan Culture area. The exact location of such jade is still a mystery. In other words, Hongshan Culture jade made by that kind of material are generally believed to be authentic, for people still cannot find out where the material come from.

Besides Green Jade, Hongshan Culture jade also use white or pea green jade as material. Some material has the basic color of white or pea green, but also as yellow color in between. Representative pieces of such type is the "Jade Sun God", "Jade Dragon" and "Jade Pig Dragon" auctioned by Hanhai as well as the pieces shown in attached picture 13, 39, 45, 47 in this book. The producing area of such jade material is known to be two locations within Hongshan Culture area. One type with high level of hardiness is mainly Tremolite. The hardiness is close to 6. It is produced in Kuangdian, Liaoning. Some has lower level of hardiness around 5. That kind of material is mainly Serpentine. The latter one is proved to be Hongshan Culture jade material. Its producing location is Youyan, Liaoning, within Hongshan Culture area, and the material is inexpensive and easy to acquire. Hence it is common to use such material to fake Hongshan Culture jade nowadays.

Besides the two kinds of material said above, there are some jade material, especially those whose colors have severely changed. It is hard to tell by sight what the original jade material is, hence impossible to tell the characteristics and producing areas of such material. To know more about those material, scientific exams should be conducted. However, we can definitely say that such material are close to stone in components, and loose in quality. They should be inferior jade at that time, and are not used to produce jade in later periods.

The original color of Hongshan Culture jade includes white, blue, green, black, or yellow in blue, yellow in white, etc. Typical yellow jade is very rare. Occasionally there are grey ones.

Hongshan Culture jade permeation varies in quantity and degree because of different jade material and burying locations. Generally speaking, Xijiang Manasi green jade, Kuangdian jade and Youyan jade have few and shallow permeation even though they have been buried for five or six thousand of years. Such permeation usually shows on part of the jade or at where is broken (picture 53). It is even more rare to see a piece totally covered by permeation. Hence we naturally conclude that Hongshan Culture jade made by the three kind of material should be questioned for authenticity if the whole piece is calcified or covered with heavy permeation colors.

It is also remarkable that the three kinds of jade material mentioned above, if collected from sands in the river, will have a natural permeation before made into jade pieces because they are mixed with other components. Such permeation color is usually yellow, grey or reddish brown. They look similar to the permeation colors on excavated jade. Such kind of natural permeation is deemed as flaws, and they would totally get rid of such colors before they began to make a jade piece out of it. However, as I appreciate faked Hongshan Culture jade, I found that fakers always leave such natural permeations in order to imitate the permeations formed underground. The natural color, permeation locations and degrees are almost the same with the real things. Hence we should carefully distinguish between them. According to my own experience, if there is original natural permeation color on the surface of Hongshan Culture jade, then it is almost certainly a fake piece. As I said above, Hongshan Culture jade producers always got rid of such permeations before they make a piece out of the material.

In addition, there is a type of "refurbished" fake Hongshan Culture jade. The faker use a big piece of jade as material to fake several small pieces, and carve patterns to gain more profit. Such pieces are refurbished from ancient jade, the partial permeation and luster are very similar to real things. Ordinary connoisseurs can hardly tell the difference given the faked patters. Of course, if pay special attention to the form and carving techniques, one can still find difference with authentic Hongshan Culture jade and make correct conclusion with respect to the authenticity of the jade.

There are strong culture characteristics on the producing skills and the carving and polishing marks on Hongshan Culture jade. It would be critical if we can pay attention to such characteristics. According to the pieces we have, the basic procedure of carving jade is similar to other cultures and dynasties. The procedure includes jade material collection, material selection, designing according to the concrete situation of jade material, as well as various treatments including incision, cutting, carving, drilling and polishing. When processing jade, one need to choose the right tools and use emery paste to deal with each piece separately. Nevertheless, the details of each step exhibits apparent differences with that of other periods. A large proportion of Hongshan Culture jade are processed by brief carving the jade material. Legendary and realistic animal jade usually adopts that method. As a result, even two pieces are of the same style, their size, thickness and facial features are usually different. We can even say that there are no two identical pieces. Another example is drilling. Almost all jade has one or more drill holes. Some are made by connecting two holes with each other, some are made by piercing the jade. Inside the hole there are spiral drilling marks, all holes are horseshoe shaped. And the connection of two holes are not accurate. The third example is carved lines. They are all single lined grooves with various width, which is very different with other period. If we observe it with a magnifier, we can find that the wider grooves are made by cutting jade horizontally using stone roller, then polishing inside the grooves using bamboo, wooden or stone sticks with various width. Hence we can still observe the marks made by the two different processing procedures. The last example is the edge of jade. The last procedure is to polish using animal skin or fruit skin. The force is exerted on the two ends. Hence the edge looks like brunt blade. The surface has a mild luster and is sparkling even though its age is already five to six thousand years.

Among the scientific excavates of Hongshan Culture jade, there are square jade with ring in the middle, double-crenellated, three-crenellated or five-crenellated jade, jade hook, cloud shaped Jade Hook, animal faced jade ornament, jade ornament with tri-rings, Horseshoe shaped jade ornament, twin dragon-headed jade Huang, jade fish, jade cicada, jade tortoise, jade owl, jade bear, jade phoenix, animal shaped jade Jue (Pig Dragon Jade), and jade dragon. Among collections, there are also Jade Goddess, Jade "Sun God", and Jade God-Human. It is especially remarkable that there are composite jade forms combining the forms mentioned above. For example, "Sun God" and owl are integrated into God-human Owl Headed Jade. Dragon-Phoenix Jade is another example. (Please refer to attached graph 55, 56, 64, 65). Those excavated or collected jade are precious reference for research and for understanding Hongshan Culture religion, society as well as ideology. They have important historical, artistic and scientific values.

Mr. Li has been collecting antique jade for a long time. He accumulated lots of experience, and also paid price when made wrong judgments. Such mistakes are inevitable in private collections. Even so, making mistakes has a positive side. It is impossible to become an antique jade connoisseur without making wrong judgments. According to my own experience, one has to get through two stages before starting to collect antique jade if he/she wants to avoid unnecessary mistakes on the way to an authentic collector. The first stage is the stage to prepare or study. One should seek help from advices of famous connoisseurs of ancient jade, and should read abundant relevant literatures, access as many as possible real and fake antique jade pieces (museum collections, private collections, second hand market and auctioned pieced). If possible, one should seek all opportunities to touch and appreciate real pieces. The second stage is to self-examine the ability

to judge the age and authenticity of antique jade. The effect of such self-examine varies with people. Those with strong ability and ambitions in the first stage will probably have a very close recognition to the authenticity of antique jade after some practices. Those with less ability will gain less. It is remarkable that the "examine" here is not to exchange or collect antique jade at one. It is a self exam and practice. When looking at a real piece, instead of referring to a existing legend or others' opinion, one should judge it with his own knowledge. Then by referring to other legends or opinions from experts, one can examine his own ability to judge the age and authenticity of the jade. At first there would be many mistakes, and one needs to summarize his own weakness and make improvement. When he makes nine correct judgments out of ten, he can advance to the collection stage.

Collecting antique jade requires investment. However, when appreciating a real piece, one can eventually set out on his way to connoisseurs. That is also a procedure of enjoying culture and improving knowledge. According to my friends' and my own experience, I have several suggestions for your information.

First of all, collection should be subject to the collector's financial capacity. Buy antiques out of your own interest, protect collections and research on their historical, artistic and scientific values. Based on those values, you can begin to explore its potential meanings. Do not pay too much passion to the economic value of your collections. Economic value is not the primary concern of antique jade collections.

Another suggestion is to have an experienced connoisseur or collectors as advisor or teacher when collecting or exchanging antique jade. Let them be your last resort. When purchasing antique jade, do not pay cash in full. Make payments only when you make sure everything is right.

Collection or exchange of antique jade should strictly follow "Antique Protection Codes". Collections should be acquired from legal channel, for example legal private collectors, antique exchange market and auctions. The collections from unauthorized excavations and stolen museum exhibition pieces definitely should not be purchased. Antique jade transaction can only be made with Chinese national museums and Chinese citizens. Without the permission of relevant Government Agencies, antique transactions cannot be conducted with foreign or oversea museums and private collectors. To let antiques flow abroad by means including gifts is also abandoned. We should keep clear mind and protection national antiques. That is responsibility and obligations of every Chinese citizen.

代前言

古玉受沁之我见

李祥云

古玉在手上玩多了，自然就玩出了些体会与经验。玩家判断古玉，跟考古家不大一样，尽管也要借鉴考古家的经验与成果。考古家鉴定古玉，主要靠实地考察，调查研究出土环境，运用同一环境中的其它可靠参照物，或已经掌握的其它同类古玉品，进行比较类推其产生年代。而玩家判断玉品，却完全脱离了出土环境，由于无从确定和进行地域考察，那么，就只能凭借其玩赏的经验。这些经验，也是经过多少代人积累流传下来的，很多方面都具有可靠性，不能忽视，需要整理，需要进一步验证、体验、总结。这些经验，相当一部分已在前人的文献中记载；一部分在民间古董商的手中，旧社会以前的古董商的鉴古经验，就是他们手中的财富，那是世袭的，跟行医人的祖传秘方一样不可外传；再一部分就散存在玩家们的手中，现在的玩家不至于也没必要把自己的经验看得那么金贵。我觉得，玩家们应该把各自的经验发表出来，供大家研究、切磋、交流，使大家玩得更具有可靠性与真实性，使有价值的古玉器不至于沉埋与流失。

玩家判断古玉，主要有两点：第一，就是用肉眼，顶多靠一只二十倍的放大镜，观察其是否真品；第二，确认是真品之后，再进一步断代。简言之，一看二断。

看一件玉品是不是真古玉品，主要看"沁"，玉品上如果有真沁，或天然（自然）沁，并且在玉品的至关重要的部位有沁，那么便是真古玉；如果没有真沁，便不能断定真伪。

我国研究古玉的文献中，许多名家都谈过沁。刘大同的《古玉辨》、李凤宣的《玉说》，特别注重古玉的沁色；刘子芬的《古玉考》，谈到先人所说的古玉的腐朽过程（尽管尚欠科学性）；刘心瑶的《玉纪补》，谈到古玉上的土斑；刘大同还谈了玉的皮壳；当代古玉收藏鉴赏家李英豪，在《民间玉》中谈到古玉的"土吃"、"土蚀"……

汉代以前的古玉，入土两千年以上，绝大多数的玉沁相当深重，几乎可以达到一目了然（开门）的程度。古玉受沁所产生的变化，是形形色色的，归纳起来，主要有以下四个方面。

一、沁色

玉由于有细腻、温润、纯洁的品质，入棺入土接触生物体或矿物质之后，经过氧化后极易着色。制造仿古玉，就是利用玉的这一特性。古玉入土，因其玉质不同、环境不同、时间不同，受沁面大小、受沁程度（包括深度）、受沁状态、受沁色泽，均有所不同。

1.沁点

在大部分保持本色的玉表上，花花点点沁上小小的斑点，斑点的颜色与玉质原色有所不同。或白或黄，俗称鱼籽斑，或满天星。沁点，与玉表在同一平面上，只是斑痕的沁色已入玉表。沁点因其微小（在二十倍放大镜下最小的不足小米粒大），且沁色渗入玉表内，且众多沁点彼此还有程度不同的深浅层次，这就使伪造沁点感到困难，大沁点易仿，微小的沁点则难为。沁点的层次感、渗透感、透过玉表的晕散感、色泽的自然感，伪造者运用任何喷射的方法，都是难以模拟的。

2.沁纹

玉表受沁，呈现的粗细不一、疏密不一、深浅不一、走向不一、颜色不一的纹理，为沁纹。色深而密集的部分，往往纹粗；疏散而末端的纹，往往渐细渐淡。细密的纹多称为牛毛纹，亦有把红色的细纹称作牛毛纹者，较粗疏的黑色纹则称作蚂蚁脚。我觉得，不应以颜色定称呼，因为类似的纹理往往有各种颜色。沁纹并不一定在古玉一出土时就都有；有的出土时玉表并无细纹，但经过入手盘玩之后，沁入异质的玉表与手上的物质接触后，就产生了化学或物理等方面的变化，玉表就渐渐生出"毛"与"脚"来。玩家们在一时不能断定一块玉品真伪时，往往就劝人说"盘盘看"，就是验证一下。一枚玉入手后发生了变化，说明这枚玉是"活"的，只有入土受过沁的古玉，才能表现出变化的"活性"来。未受沁的新制玉品的玉表经过切割磨制，是不可能盘出"变化"，生出"毛"与"脚"来的，因而说是"死玉"。

3.沁脉

玉表中的沁纹像条条小溪汇入江河，又像叶片上的纹网汇集在叶子的主脉上一样，形成主渠状、主枝状的脉状沁，这种沁可以称为沁脉。沁脉是沁纹密集汇合的狭长地带，这个地带受沁较重，可以看出古玉受沁的真实性。还有近似沁纹的一种沁脉，用放大镜与玉面成钝角观察，可以发现较为细腻的玉表上，有纵横交错的纹脉，纹较宽，略高于玉表，亮而腻。这种似有似无的网络状沁痕亦应称为沁脉，因为它有沁纹汇集的走向。沁脉其实是由脉状的玉浆沿古玉脉状的纹理形成的。

4. 沁片

在玉表上的沁色已连成片状，沁色集中，凝聚，深重。其状如叶如朵，如滩如渚，如云如雾。人们根据不同的沁色命名为：黑漆古、鸡血红、葵花黄、鹦鹉绿、蟹子青、茄皮紫、鱼肚白等等。这都是根据玉表上沁片的颜色美其名的俗称。还有另一种沁片，尚未被注意。从玉的纵深度上看，由表及里，沿着玉表的纹理纵深沁入，越深入颜色越浅淡。或呈雪花状，或呈云朵状，或呈羽毛状，或呈鳞片状，或呈冰裂状，或呈脑冻状。在半透明的玉体中，这种沁清晰可见。所谓鱼脑冻，就是青白玉中的这种沁。似古瓶开片一样，也是一种"开沁"（开片）的状态。不过除了在玉表上横向展开的同时，还向纵深扩展而已（因为古瓷的釉胎太薄，开片只能停留在瓷表上）。显而易见，古玉内纵向沁片越深越淡，越能看出古玉质之精透，越能显示古玉之悠久古老。红山文化的许多黄玉、绿玉、青玉玉品，往往呈现出遍体的云雾状沁片。玉体内的沁片之色，是从玉表的沁纹、沁脉、沁沟中渗入的。这在古玉表上是可以寻出走向与源头的。这种垂直纵深入里的沁片，无论如何是不能伪造的。

5. 钙化层

钙化，是古玉受沁的一种较为普遍的现象。由于入土受沁时间悠久，玉表钙化为灰质白色，由于时间不同，钙化层薄厚亦不尽相同。商周玉器钙化层较厚的片状玉器受沁的两个侧面上的钙化层，能融为一体，即全部钙化，色为白中呈黄。春秋战国玉器的钙化层要薄些，色为微黄的鸡骨白色，片状玉器两侧的钙化层内是夹"馅儿"的玉质本色。汉代玉器钙化层更薄些，白色新鲜、纯净。钙化之前的沁，为白色膜层，钙化的玉器多是半透明的青白玉。钙化层较薄，经盘玩儿可以恢复玉本色，玉表会逐渐明透起来。钙化层的灰质很酥松，用刀尖可以刮下灰质粉末，但经盘玩复苏之后，玉表便坚硬起来，明透起来。这就是文献中所说的古玉的"复活"或"复原"，可见古玉是"活玉"

之说，不无道理。古玉这种复原的神秘，不仅需玩家、考古家研究，也需化学家、矿物生物学家们关注。钙化的层面，除有蚀孔蚀烂的现象之外，一般都平滑细腻无瑕纹；但也有的玉器因入土悠久、环境干燥，钙化层面出现网纹或细碎裂纹，沁蚀严重的会碎裂掉渣。但是即使这样的玉品，如果经过精心保养，开裂的部分仍能够从中分泌出宝（包）浆，使其裂纹弥合。

玉经火烧也可以使玉表钙化，但经火烧或炉焗之后的玉表，通体将出现直硬、宽深的裂纹缝，这与自然钙化的开裂迥然不同。土沁的开裂，网纹小而密，细而浅，即使有深疏的开裂，但裂隙中将会分泌玉浆而弥合。仿制火烧的钙化玉件，是干涩无浆的。

鸡骨白、象牙白、鱼肚白，均为钙化的灰质白色，与沁后玉表出现的奶白色沁或浆白色沁是不同的。奶白色沁，是玉表上的纯奶白色之沁，白色浓，有油脂感，有的受沁古玉可以盘出这种罕见难得之色。

玉的沁色，是在玉表上出现的玉本色之外的颜色、沁点、沁纹、沁片。辨别古玉的沁色，需分清玉的本色与沁色的区别。一般的玉本色是一目了然的。而天然的五彩玉与彩沁，无经验者就可能分辨不清。天然的彩玉纹理，在玉品核心部分可以发现孤立的色团，即是"无源之色"，在玉的深层部分的色带与玉表层的沁色有"断带"的空白处，这种玉内的彩色就是天然色，是与玉同时形成的；古玉后沁的彩色，无论渗进玉体内多么深入，在玉表上均可寻到入口之处(沁点、沁坑、沁孔处)，亦称为"土门"。

玩家盘玩受沁之古玉，有各种感受，有各自的体会，因其古玉变化不尽，玩起来亦其乐无穷。

二、沁凹

沁坑、沁沟或为沁槽、沁孔，都是深入玉表的沁蚀现象，所以应称之为沁凹。这样称之较概括，也不失贴切。沁凹需具备几个条件：接触或酸或碱或盐性土质；土质潮湿，有酸碱反应的可能；历史悠久，有因环境变化而出现酸碱反应的条件；玉质较软，易于沁蚀；硬度高的玉表凹沁较轻，也许有难于受沁者。

1. 沁坑

一般沁坑为麻点状、锅底状、凹形卵壳状，沁坑密集成片的部分呈疤痕状。玉的结构纤维与玉表垂直的截面上，容易出现麻点，即沁坑。沁坑的边缘与坑底一般有沁色、沁纹，亦有无沁色者。天然的玉性石子往往周身布满大小不一的沁坑，可以用以比较与参照古玉表沁坑的状态与特征。流水中玉性石子上沁坑的边缘，呈漫圆状(由于流水中细沙冲磨)，古玉沁坑的边缘一般亦呈漫圆状；但稍别于石子上的沁坑，古玉的沁坑细小，浅淡，有的很似肌肤上的汗毛孔。

2.沁沟

沿玉表的纹理沁蚀为凹入的沟槽，即为沁沟。与玉表垂直的沁片，往往沿沁沟沁入玉内，在玉内向纵深沁入、扩散。沟槽两侧往往与沁坑、沁纹相连相汇。古玉的沁沟无论深浅、宽窄，都没有裂纹，即或入土之前也可能有过裂隙，但经悠久岁月沁蚀之后，都会被自身的宝(包)浆覆盖、弥合。古玉入土时如若自带裂隙，沿裂隙入沁之色，会比完整玉器的沁色更凝重、浓艳、宽厚，其色彩更富于观赏价值，而裂隙又被宝浆弥合，当然更能显其完美可爱。沁脉，是沿着与玉表平行的纤维结构沁成的色纹状态；沁沟，则是裂隙经严重沁蚀而形成的凹形沟状沁。

3.沁孔

沁孔，或曰沁洞、沁眼。沁孔，是沁坑继续受沁而垂直洞穿蚀入玉内的，成为眼状；沁孔集中成簇，成蜂窝状，也称蜂窝孔。沁洞过大过于集中，就成为大"窟窿"，这窟窿出现在薄片部分，就可能烂蚀剥落；"土咬"、"土吃"的沁孔周围及孔的内部，均有沁色、土沁斑。青白玉、岫岩玉出现沁孔者较多。

准确辨识古玉品上的凹沁，对选择、把玩、收藏古玉十分重要。

三、沁质

文献中谈及古玉出土时是软的，因此出土的古玉是不能性急盘玩儿的。因其入土变为松软，才有可能使其它物质得以入沁。

1.土沁

玉表除了土沁变色而外，泥沙甚至能与沁坑、沁沟、沁眼融为一体，泥沙的微粒(在放大镜下)依稀可见。玉如果不变软，泥沙何以沁入或半含在玉表上？当然这也可能是玉浆将泥沙微粒覆盖在沁坑内，从而泥沙与玉融为一体，而永远不能再分离出来。另一种现象，则是土色(分子)沁入沁坑之下的玉中，并扩散在玉内，这从玉器沁坑周围的土沁之色可以辨别。此处所说的土沁，与一般所说的土沁的沁色是不同的，此处指的是沁入沁坑之内的可微观之土质。

2.金属沁

玉石在地老天荒形成时期，就含某种金属元素，有的金属颗粒在玉体内部隐约可见。而古玉品的金属沁则是另一码事。古玉品入土，往往能与古铜器、铁器、铅锡器、金银器，乃至溶在水中的金属物质相接触。这样，氧化腐烂的金属便沁到了玉体之上；渐渐经过悠久时间的鬼斧神工，各种沁蚀现象便出现在玉表上或玉体内，玉表上就留下了极为微小的金属颗粒

儿。或银白，或金黄，闪闪发光；有的金属点周围还出现异于原玉质的沁色，或黑，或红，或黄，或绿。一件古玉品，如果大面积受一种金属沁，则会出现大面积的或黑漆古、或鹦哥绿、或鸡血红、或柠檬黄，都是相当精彩的；一件玉品通体均沁成一种颜色，也不多见；玉体上出现几种沁色，称为彩沁，文献中对彩沁十分重视，名目繁多，富于想象，五彩沁就是绝品；沁色如果在玉体人物或动物的主要部位上，形色相得益彰，这就称为巧沁，也很难得；还有一种巧沁，在玉表上的沁色构成富于想象的形象图案，如梦如幻，如静如动，品味咂摸不尽。

3.酸碱沁

酸碱，是致使古玉受沁、变化、蚀蚀、腐朽的主要物质。从红山文化玉品中发现，盐碱使玉表脱化沁蚀成为一层白色的盐碱"嘎巴"，嘎巴脱落，玉表就出现凹凸不平的沁凹沁疤。盘玩之前，这层碱嘎巴不应洗刷掉，应任其自身变化、恢复。只要是出土古玉，它自身必然能泌浆，将酥松干燥的嘎巴覆盖，一旦被覆盖，碱嘎巴将在温润地孕育中渐渐与整个玉体融合，被莹亮的宝浆包裹，便坚固起来，再不会脱落，并脱去出土时土眉土眼脏兮兮干巴巴的形象而大放异彩。

四、沁浆

所有受沁的远古玉，一旦脱离土埋的环境，进入适当温度、适当湿度、空气充足的环境，玉表就会发生变化。尤其是经过凉水或温水浸泡，附着在玉表上的所有异质，将会脱落，原玉质即刻显露出来，同时将泌出一层宝(包)浆，覆盖在玉表上。这层浆近似黏稠的蛋清，这层浆绝不可擦去，要晾干，需保养几个月或一年以上，待玉表的凹处凝浆。凝浆较多的部位，似涂上一层油漆，晶莹亮丽，凝浆干结之后方可洗刷、擦拭、或盘玩儿。文献上介绍，有些玩家也说，古玉可以适当用开水煮，是一条提纯玉质的经验。但对于待泌浆的古玉绝不适合，否则擦洗或煮去宝浆，一块远古玉会"死去"，变得黯淡无光，干涩无神。因而可能沦为"伪品"的不幸"命运"。

遇水后泌浆的玉品，必是远古玉真品；年代不够久远的古玉遇水，泌浆不够明显，或不能泌浆。

远古玉入土必然受沁，古玉受沁必然发生变化。色沁、凹沁、沁质、沁浆，这四方面是古玉受沁最明显的表现形式。这些仅是我个人的体验，未必言中洋洋大观之古玉受沁之面面观，愿得到玩家朋友与古玉研究专家的赐教。

1999.2.22于哈尔滨

On Ancient Permeated Jade

By Li Xiangyun

Appreciating ancient jade for many years, I have gained some experiences and summarized some theories from it. Being a connoisseur, occasionally, I appreciate jade through the scientific results of archaeologists who research jade ware by on-the-spot investigation, but mainly through my own experience without factors of archaeological surroundings. Those experiences, accumulated by many generations, are reliable and should be verified. Some of them had been recorded in relative documents, some of them, summed by antiquaries, have been being kept as hereditary secrets, and some of them, summarized by connoisseurs, can be exchanged, swapped and researched in connoisseur cycle, by which the valuable ancient jade can be discovered and not lost or sealed.

In the view of connoisseur, there are two main steps for examining and appreciating ancient jade. First is observing jade through eyes, at most by hand lens, which can distinguish whether it's genuine or fake; Second is judging the historical period of the jade. Briefly, first step is observing and second is judging.

Existence of "Permeation " is first important factor to confirm whether a jade ware is real or false. If the "Permeation " is real or natural, especially that "Permeation " exists on the important parts of jade ware, that jade must be genuine, vice versa must be fake.

In researching documents, many famous connoisseurs had mentioned "Permeation ". For examples, in Liu Datong's "On Ancient Jade" and Li Qiuxuan's "About Jade", "Permeation" was put in the first important place before other factors for appreciating jade; In Liu Zifen "Records on Ancient Jade", writer spoke of the process of jade's being permeating; In Liu Xinyao's "Additional Remarks on Jade", writer also talked about spots of permeating. In modern times, famous connoisseur----Li Yinghao also mentioned "permeation by soil".

Most of ancient jades, produced before Han Dynasty and buried in earth for more than 2000 years, had been permeated seriously, which true appearances had been covered. In fact, "Permeation " produces various effects on the texture of jade, and it can be summarized as following four points.

I. The Color of "Permeation "

Because its fine, mild, and pure texture, the oxidized jade, after put in the coffin or soil and meet with living things or minerals, is colored easily. For this character, many ancient jades can be imitated. The buried ancient jades, because of effects of different surrounding, and various bury-ing time, could form different permeated area, different permeation degree, different permeation situation and various permeation color.

1. Dot of "Permeation "

The dots, which colors are different from the original color of jade probably are white or yellow, vulgarly are called roe dots or scatter stars. The dots exist on the same surface of jade, but their colors permeate into jade. The dots are very tiny (Even under hand lens, it looks smaller than a single rice), and their permeation degree are different, which could hardly be imitated. The bigger dots can be imitated, but smaller ones are impossible. No matter what the imitators spray on the jades, the gradation, perviousness, iridescence of dot can not be imitated.

2. Line of "Permeation "

The lines caused by permeation, which degrees of thickness are various, degrees of density are uneven, runs are different, and colors are not same, exist on the surface of jade. The jades with deep and dense color always have thick lines, and ends of lines are usually thin and sparse. The deep and thin line is called cowhair line, also the red line is called cowhair line. The thick, sparse and black line is called ant foot. In my point of view, the names of various lines should not be decided by its color, because the similar lines often have different colors. The lines don't always come into being when jade is unearthed, but after being fondled, because of connoisseur's contacting with jade, the texture of jade will change physically or chemically and the "cowhair" and "feet" will emerge in the jade. When a connoisseur can not distinguish whether a jade is real or false, he often keeps it and fondles it for several days, if the lines appear, that means the jade was permeated and must be a ancient jade, contrarily that jade must be "dead" jade (imitation).

3. Vein of "Permeation "

The lines in jade are like streams, at last they flow together and become veins, which is just like line system on a piece of leaf. The veins are narrow clefts where lines flow together and jade is permeated seriously. Also there is a certain vein which is similar to the line. If you observe one jade through hand lens from obtuse angle, you can find that many crisscross veins are on the surface of jade. Those veins are wide, mild and a little higher than the surface of jade, those partly visible veins are called veins of permeation, because their runs show the runs of lines. In fact, "Bao Jiang's" flowing along the lines in ancient jade forms veins.

4. Scrap of "Permeation "

Many permeation colors merge into bigger color patch, which color is much denser and called scrap of "Permeation ". Scrap of "Permeation " has many various colors such as pitch-dark, blood-red, parrot-green, crab-blue, eggplant-purple, and fish belly's-grey. There is still another kind scrap of permeation unmentioned before. The colors, from the surface to inside, permeate along the lines and veins, deeper the colors permeate lighter the colors are. Also this kind scrap has many different shape such as snowflake, cloud, feather, scale, ice crack and brain jelly, which shape is just like checking of porcelain, but this checking scatters not only on the surface of jade, but also the inside of jade. And this kind scrap called "jelly of fish brain" often exists in saphire. It obviously that the more deeply the jade is permeated, the more vicissitudinous and precious the jade. In Hongshan Culture, the surfaces of topaz, emerald and sapphire always scatter nebulous scraps of permeation. The colors of scrap exude from lines and veins of "Permeation ". Moreover, the run of the scrap can be observed on the surface of jade. Those scraps permeating jade perpendicularly can never be imitated.

5. Calcic horizon

Calcification, is one special phenomenon on account of "Permeation ". Owing to be in soil for a long historical period, the calcic horizon appears grey. Also due to the different burying time, the thickness of calcic horizon is different. The calcic horizon of jade in Shang and Zhou Dynasties is so thick, that two calcic horizons scattering on both sides of wares merge into one horizon whole, which color is white touched with yellow. The calcic horizon of jade in Spring and Autumn Period and Warring States Period is thinner, which color is chicken bone white. The original color of contents is inside the calcic horizon. The calcic horizon of jade in Han Dynasty is much thinner, which color is pure and light white. Calcified jades mostly are semitransparent sapphire. Totally calcic horizon is relative thin, which color can change into transparent after being fondled for several months. The texture of calcic horizon is so loose, that it can be wiped out by a little knife. By this way, the ancient jades can rejuvenate. Due to this rejuvenescent character, some connoisseurs call ancient jade "living jade". This magic quality has attracted attentions of connoisseurs, archaeologists, chemists, and oryctologists. The surface of calcic horizon, except being permeated, usually is mild, flawless, and smooth. But, on the other hand, because of long burying time and dry situation, some net-shaped or line-shaped permeation emerge on the surface of horizon, if permeation is serious, the jade itself may crack gradually. Even with those serious permeation, if keep jade carefully, the "Bao Jiang" can leak out and cracks can be made up again.

The surface of jade, after being burned, can be calcified, otherwise, calcic horizon which results from burning and has wide and deep cracks is completely different from natural cracks which are shallow and narrow. Even it has deep cracks, those cracks must have been made up by "Bao Jiang". The imitated jade ware with artificial calcic horizon is aningeresting and without any "Bao Jiang".

Grey white of calcic horizon includes chicken bone-white, elephant tooth- white and fish belly-white, which are different from cream color and syrup white on account of being permeated. The cream color, with deep white and mild is really rarely and precious.

The Colors of "Permeation", including dots of "Permeation ", line of "Permeation ", and scrap of "Permeation ", are different from the original colors of jade. The original color is easy to see. It's very difficult to distinguish natural colors and artificial colors. You can find isolated color mass emerging in the core of natural jade. No matter how deeply the color permeates into jade, you can find the entry of it on the surface of jade. Different connoisseurs have various feelings on fondling ancient jade. Owing to its endless changes, it has a boundless good flavor.

II. Recession of "permeation"

Permeation pit, permeation gap, or permeation hole is a certain permeation, which oozes into the surface of jade, so called recession of "permeation" summarily and correctly. The necessary conditions of forming recessions are as following: first, the burying soil of jade should be alkaline, acidic, or saline. Second, soil property must be humid, which can lead to acid-base reaction. Third, the burying time should be long enough, then the chance rate of acid-base reaction can be higher. The last, the texture of jade should be a little soft, if it's too hard, it will be very difficult to be permeated.

1. Permeation pit

Usually, those pits are in form of hollow dish or concave chorion. If too many pits collect together, the permeation scars will appear. The pits appear normally on the vertical plane between texture and surface of jade. Those pits are called permeation pits. There are permeation color and permeation lines on the edge of pit or on the bottom of pit. Normally, those kind pits scatter all over the jade. The pebbles in streams also have pits (because of scour of streams), which edges are irregularly round and as same as the edges of pits on ancient jade. But, the pits on ancient jade are smaller, more shallow, and look like pores.

2. Permeation gap

Due to the permeating of situation, many gaps emerge on

the surface of jade. The permeation scraps, being perpendicular to the surface, always inlay along the permeation gap and spread in depth and breadth. Nearly all gaps link with or merge with permeation pits or lines. The permeation gaps of unearthed jade are usually without any cracks, no matter how deep or wide gaps are. Even before the jade was buried, There are some cracks and chinks linking with permeation gaps on the surface of jade, the cracks and chinks would be made up by the "Bao Jiang" during the period of its burying. The permeation colors permeating into the natural cracks and chinks of jade will be deeper and lighter than the normal permeation colors. In fact, permeation gaps result from serious permeation veins on the surface of jade.

3. Permeation hole

Permeation hole is also called permeation eye. Gaps on surface are permeated continuously, then form the hole toward the inner of the jade. The concentrated holes become honeycombed and are called as alveolate holes. If the hole is too big, it will become a large cave. The permeation dots and colors always surround soil-grinded hole.

It is very important for connoisseurs to understand the permeation recession on the jade, then they can collect and keep more jades.

III. Permeation texture

Ancient jade recorded in documents is usually soft, so when the ancient jade is just unearthed, you should not fondle it at once. Also because it changes soft in soil, it can be permeated.

1. Soil Permeation

Besides soil permeation can change the surface color of jade, sands can merge with permeation pits, gaps, and holes, you even can see little particles of sand under hand lens. Sands can permeate into jade, due to soft texture of jade. Of course, those sands and particles may be covered by "Yu Jiang" then compromise with the jade. On the other hand, The particles can permeate into the surface of jade, and then spread over the jade, this kind permeation can be ditinguished by its own color, which is different from normal soil permeation, because it's particle permeation not soil.

2. Metal Permeation

The jade always contains a certain kind metal, also you can see some metal particles inside the jade. But that is not metal permeation.

Jades, after being buried, often touch with ancient bronzes, irons, leads, and tins. Then the oxidized metals permeated into jades, gradually, various metal permeation emerge on the surface or under the surface of jade. Those little metal particles show different colors on the surface of jade, such as black, red, yellow, or green. If one ancient jade ware is permeated by metal extensively, then many big color masses with many various colors including pitch-dark, parrot-green, blood-red, or lemon-yellow will emerge on the surface of jade, which is really splendid. If one jade ware is only permeated by one kind metal and show one color, that is precious. Usually, there are several colors which can be found on appearance of jade, so called colored jade. There are so many documents, which mention colored permeation in their records. Five-color permeation is a kind most valuable one. If the jade ware is in form of one man or animal, and the permeation colors emerge on the eyes or other important parts of this jade by chance, that ware will become more valuable than normal one. Another kind permeation can form a imaginary illustration, which is dreamlike beauty.

3. Acid-base Permeation

Acid and alkali are main media, which can lead to the permeation, changing, and erosion of jade. In Hongshan Culture, the surface of jade, due to chemical action of alkali, was covered by a sheet of white alkali called "Gaba". If "Gaba" is wiped out, the rough pits will come into being. Before being fondled, the "Gaba" should not be wiped out, because it can be covered by "Bao Jiang", and then cast off it dull and dry self and take on a new and mild self.

IV. Permeation syrup (So called as "Bao Jiang" or "Yu Jiang" above all)

The surface of ancient unearthed jade will change, if temperature and humidity are fitful and air is enough, especially, the jade itself is soaked in the warm water. The impurities adhering to the surface of jade will be shed, the original appearance of jade will emerge, simultaneously, the jade will bleed a sheet of syrup covering its appearance. This sheet of syrup should never be wiped out, should be dried in air. After the syrup become solidifying, the surface of jade will be transparent and sparking. Some documents suggest that connoisseurs can boil the unearthed jade in hot water, which can purge jade. But if the unearthed jade has not bled syrup or the syrup has not frozen, that way will make jade dark and look like fake.

If one ancient jade soaking in the water can bleed syrup, it must be genuine one. Some ancient jade wares which are not old enough may not bleed syrup, or not obviously.

Ancient buried jade must be permeated, the permeated jade lead to changes of itself. Color of "Permeation", Recession of "Permeation", Permeation Texture, and Permeation Syrup are most obvious phenomena of being permeated. Above all are my own experiences, may not get the points of appreciation of jade, and please favor me with your instructions.

1.　玉双孔斧
新石器时代
高 9.5cm　宽 6.6cm　厚 0.9cm

1. Jade Axe with Double Eyes
Neolithic Period
Height 9.5cm　Width 6.6cm　Thickness 0.9cm

　　此斧绿玉。沁为鸡血红、玫瑰红、柳芽黄、灰黑、青白等色，沁坑沁孔较大，而且集中。沁色浓淡分布自然，深浅层次清晰，异色过渡分明。黄色很鲜，红色很艳。如此之古器，沁为这般颜色，令人唶叹。此斧是用具，刃端有锛裂豁口与裂璺，但裂璺已经自然弥合，锛口与裂璺之内有沁坑，均包满浆。此斧柄窄刃宽，大孔居中，小孔偏上部，左右居中。良渚文化有双孔玉钺，不过双孔距离较近，而且偏上。《考工记·玉人》所云圭之制，"天子圭中必"，天子使用的圭，孔在中间；《古玉图考》第一幅镇圭之形与此斧相似，只是此斧比之较小，有双孔。

一、红山文化研究

《山海经》与红山文化
之一：黑水

《山海经》，是纪录我国上古社会神话、历史、地理、矿物、药物、动植物，以及百邦诸国与人杰世系的大百科奇书。

红山文化，是我国北方上古社会精妙绝伦的文化遗产。

我在阅读《山海经》时，竟意外地发现了创造红山文化的上古先民的踪影。

红山文化覆盖的地域，在燕山以北，包括内蒙古，主要影响区域应在黄河以北的广阔地带。

确定《山海经》中"黑水"的位置，对于研究与确定红山文化分布的区域十分重要。

《山海经》中，多处提到黑水：

"南海之外，赤水之西，流沙之东……有荣山，荣水出焉。黑水之南，有玄蛇，食麈。"(大荒南经)

"南海之外，黑水青水之间，有木曰若木，若水出焉。"(海内经)

"西海之南，流沙之滨，赤水之后，黑水之前，有大山，名曰昆仑之丘……其下有弱水之渊环之。"(大荒西经)

此三处的黑水，应是晋代郭璞所注为出自昆仑山的黑水。四川有两条黑水，一条为黑水河，是岷江的上游支流，发源于四川黑水县垭口山东麓。另一条为黑河，藏语为墨曲，系黄河上游的支流，发源于四川红原县墨冻哑山。袁轲在《山海经》注释中所说的巴蜀境内的黑水，应在此两条黑水之内。

"流沙之东，黑水之西，有朝云之国、司彘之国。"(海内经)

"北海之内，有山，名曰幽都之山，黑水出焉。有玄鸟、玄蛇、玄豹、玄虎、玄狐蓬尾。有大玄之山，有玄丘之民，有大幽之国，有赤胫之民。"(海内经)

"东海之内，北海之隅，有国名曰朝鲜。"

此两处黑水，从朝鲜在北海之隅的位置判断，北海之内，出自幽都之山的黑水，应是我国上古时代黄河以北的又一条黑水。

甘肃有一条黑河，发源于祁连山，曲折流进内蒙古汇入额吉纳河。此黑河即唐代《括地志》所云源于伊州伊吾县北二十里的黑水。内蒙古还有一条大黑河，源大青山，流入黄河。

出自幽都之山的黑水，应是这两条黑水中的一条。

大青山，就是青幽之色，在拂晓或暮色降临之时，就是黑玄之色。

玄鸟、玄丘之玄，就是我国上古先民"以玄璜礼北方"的黑色。玄色是北方神的代表颜色。

此两条黑水之北之东，均在红山文化覆盖的区域之内。《括地志》中的北狄、鞑靼国也应在此区域之内。这个区域内即海内北经中的犬封国、戎，大荒东经中的黑齿国、玄股国，大荒北经中的毛民国、儋耳国、犬戎国、大幽之国、朝云之国、司彘之国，都应是上古社会创造红山文化的先民的繁衍之地。

2. 玉环

新石器时代

外径 6.2cm　孔径 1.9cm　厚 1cm

2. Jade Ring

Mid Neolithic Period

Diameter 6.2cm　Internal Diameter 1.9cm

Thickness 1cm

　　此璧碧玉。沁有红褐、灰黄、黄白、灰黑等色；浅层内沁有黑色与亮白色的金属珠点；玉表沁有微小沙咬坑、磨痕坑与沁沟。此璧的外缘与孔缘，均磨浑圆；以目测，圆环的半径并不相等，"肉"（环之孔外的部分）的径亦不相等，可见，环的外圆与孔圆均不圆。从外缘到孔缘之间的面微微隆起，抚摸各个部位，可以感到环面薄厚不匀，高低不平。用 20 倍放大镜从斜面观察，可以发现环面是由刮磨的若干小块的"面"衔接而成，小块的面与面的接合处有不甚明显的微棱。以上诸方面，应该是红山文化玉器的特征。如果器面板平，外缘与孔缘的截面棱角分明，一般不属于红山文化玉器，尽管具备某些新石器时期玉器的某些特点。此环晶莹、润泽、细腻，气韵不凡，是罕见之品。

《山海经》与红山文化
之二：韩流

《海内经》开篇云："东海之内，北海之隅，有国名曰朝鲜。"以下言西海之内流沙之西概况之后云：

"流沙之东，黑水之西，有朝云之国、司彘之国。黄帝妻累祖，生昌意，昌意降处若水，生韩流。韩流擢首、谨耳、人面、豕喙、麟身、渠股、豚止，取淖子曰阿女，生帝颛顼。"

《括地志》记载，居延海（古为居延泽）在张掖县东北（千）六十四里。《地理志》云，居延泽，古文以为流沙。流沙地域很广阔，内蒙古中南部大部分地区都应在流沙范围之内。海内经此处黑水尚在流沙之东，应是出自大青山的黑河。显然，朝云之国与司彘之国，正处在上古创造红山文化的先民活动的区域之内。

这段经文记载了创造红山文化的先民的领袖——韩流，乃黄帝之孙，颛顼为黄帝重孙，值得注意的是，韩流的形象：擢首、谨耳、豕喙、渠股、豚止（趾）。

这正是红山文化的创造者的原始领袖的艺术形象，或神化的形象。民间流传的红山文化玉人的形象，除了披发于头后的形象，或男或女均束发于头顶，女性梳动物形发髻，男性圆髻耸起。擢首，应是束发耸髻的形象。豕喙即是猪嘴。渠股，郭璞注为车辋。车辋，构成圆形车轮的弧形部件，单件则是弧弯形。但渠股应是跔股。跔，腿脚因寒冷而痉挛，亦是弯曲之意。红山文化玉人，或圆雕站立的玉猪龙，多数为跪、跽（上身直，跪姿）、蹲（半蹲）的姿势。这种半蹲即跔股（渠股）的姿势，概括并表达了上古北方先民（与神之间）的礼仪、地位、虔卑、地域的特征与观念。这种跽蹲的形象，影响力极强，延续了几千年之久。红山文化的玉图腾形象或祖先形象，就是猪龙的形象；猪首蛇身，便是红山文化典型的玉猪龙、玉勾龙（C型龙）的形象。

关于韩流的注释，郭璞引《竹书》云："昌意降居若水，产帝乾荒。乾荒，即韩流也，生帝颛顼。"毕阮云："韩、乾声相近，流即充字，荒字之误也。"古人的注释是正确的。韩流，应是乾荒。乾荒，取意于天地之苍茫、流沙与黑水的广袤与洪

荒。荒，艹、亡之下为川。川为巛。〈，水小流也，广尺深尺谓之〈（音浅）；倍〈曰遂，倍遂曰沟，倍沟曰洫，倍洫曰巜（音宽），方百里为巜；两山之间必有川（巛），溪辟川流，众流入海曰川（《康熙字典》）。乾荒，恰恰表达了上古大帝的宏愿与意志。民间流传的红山文化玉器中，有两种玉器，其造型刚好与"荒"字象形。小型玉——海螺形佩 ，大型玉器—— 海螺形玉冠饰。两种玉器，一器二用，小为佩，大为冠饰，其形恰是巜字的形象化。韩流，释为乾流，也为合适。北次三经与西次三经曰，去太行山东北一千六百二十里，曰教山，教水出焉，西流于河，是水冬乾而夏流，实为乾河。此地域正是红山文化先民的生息繁衍之处。乾、干为一字，乾流，取为名，正涵盖了北方干旱寒冷的征候。乾流，应是取于教水冬乾（干）夏流的特征。

从此条经文中可以推断，帝韩流（黄帝之孙），即乾荒，或乾流，他应是创造红山文化的先民的始祖之一。

3．玉璧
新石器时代
外径16cm　孔径2.3cm　厚1.5cm
3. Jade Disc
Neolithic Period
Diameter 16cm　Internal Diameter 2.3cm
Thickness 1.5cm

　　此璧深绿色，岫玉。沁色有锈黄色、黄褐色、雾白色，呈云雾团状与片状，灰黑色沁呈毛状与枝脉状。另一侧有大面积黄褐色(甘黄)沁，亦呈云雾团状与片状。璧外缘与孔内缘均磨薄，近似刃。沿孔缘向外展逐渐增厚，即璧(肉)中间厚，向内外缘两侧渐低渐薄。其特征应是红山文化玉器。陈大年说，无论为璧为环，凡属展孔之器，皆为古人精心结撰之作品。此玉璧之孔状，即是陈大年所谓"展孔"之状，从璧面之较为工整、细润、滑腻之状，可见其为红山古人的精心之作。此璧之大之精，在红山玉器本不多见的玉璧中，应是罕有之品。

《山海经》与红山文化
之三：猪龙神

红山文化玉器之中，最普遍最多的两种龙——兽胎形龙与勾形(C形)龙。兽胎形龙，阔目，鼻嘴之间多皱纹，似猪，亦称玉猪龙；勾形龙鼻端上翘，前凸，即是猪嘴之状。

红山文化先民崇拜猪龙，供奉猪龙。《海内经》司彘之国韩流的形象——豕嘴、豚止(趾)，是猪无疑；麟身，是龙蛇类无疑。合而为一，便是生生动动的红山文化玉猪龙或勾形龙形象。韩流应该是红山文化先民崇拜景仰的始祖。

《山海经》还有多处写到猪神。

《北山经》："自太行之山以至于无逢之山，凡四十六山，万二千三百五十里。……其十四神状皆彘身而载玉。……其十神状皆彘身而八足蛇尾，其祠(供祭)之，皆用一璧瘗(埋)之。"彘，即猪。彘身蛇尾无疑是猪龙形象。

《中山经》："凡荆山之首，自翼望之山至于几山，凡四十八山，三千七百三十二里。其神状皆彘身人首。其祠：毛用一雄鸡祈，瘗用一珪。……禾山帝也，其祠：……用一璧，牛无常。堵山、玉山冢也，皆倒祠，羞毛少牢，婴毛吉玉。"

《海外西经》曰："并封在巫咸东，其状如彘，前后皆有首，黑。"

《海内经》曰："又有黑人，虎首鸟足，两手持蛇，方啗之。有嬴民，鸟足。有封豕(即大猪)。"

几条经文表明：

1.猪为上古先民的崇拜物，以致神而化之，与龙合为一体，成为猪龙。这就使猪龙这种神更加神秘化。

2.猪龙本身就是上古先民的祖先的神化形象，所以神崇拜与祖先崇拜相结合，猪神这种双重神性，使之更加至高无上。

3.上古社会祭祀猪龙神，较广泛运用吉玉。

4.猪龙神多数为北方上古先民的崇拜物。

5.猪、猪龙(韩流)、双首猪(封豕)，这些形象在红山文化玉器中已经大量涌现。

上述《山海经》经文中提供的宝贵线索，可以印证：玉猪龙为我国北方上古先民，即创造红山文化的上古先民的崇拜物，即玉图腾。其用途：或供奉(祭神祭祖)，或沉埋(祭祖祭天地)，或随葬(象征权威与财富)，或佩饰(呈显地位、财富与虔诚等理念)，或者还有其它用途：或族徽，或礼聘，或交易，或外交信物等。

4．玉镯
新石器时代
外径8.7cm　内径6.7cm　高3.7cm
4. Jade Bracelet
Neolithic Period
Diameter 8.7cm　Internal Diameter 6.7cm
Height 3.7cm

　　此镯青玉，彩沁。玉内沁色有红褐、红紫、红黄、灰黑等色，玉表还有鸡骨白色；彩色被一层薄淡的灰白色膜覆盖，如果加以盘玩，诸色会鲜丽起来，那将是一件十分精美的玉镯。镯面呈矮鼓形，中间渐鼓凸，截面平直，有0.6cm厚。玉器表面受蚀处的疤凹，以及鸡骨白部分的瑕裂，均被浓厚的包浆覆盖与弥合。如果加以盘玩，受沁蚀的疤凹、沁孔、蚀沟，均会逐渐显现。良渚文化玉镯与红山文化玉镯，均有此镯之造型。

《山海经》与红山文化之四：渠股

《海内经》云："流沙之东，黑水之西，有朝云之国、司彘之国。黄帝妻累祖，生昌意，昌意降处若水，生韩流。韩流擢首、谨耳、人面、豕喙、麟身、渠股、豚止，取淖子曰阿女，生帝颛顼。"

渠股，应是韩流（或韩荒或乾流）站身的一种姿形。

郭璞释云："渠，车辋，言跰脚也。"《大传》曰："大如车渠。"郝懿行与郑康成的注释也大致如此。

渠字，应是胸字在古代传抄中的笔误。胸、屈曰胸。胸股，也释得通。胸，《玉篇》云："寒冻手足，胸不伸也。"胸股，或胸股，正是北方人在天寒地冻之中抄（揣）双手、屈双膝、冻得打寒战的姿形。郭璞之说，渠为车辋，言跰脚也，跰即跰子，脚上生有跰子，而疼痛不能直腿而立，这样理解也是屈腿的姿形。

从红山文化玉人的姿形可以验证这一解释。红山玉人直立的形象，大多都双膝微屈，标标直立的玉人未曾见。蹲立的玉人与跪（踞）玉人较多。女性玉人双手捧捂胸乳的姿势较多，男性玉人的双手抄袖的姿势较多，但双腿均为蹲立状。

屈膝与抄手的姿势，应与北方冬季之严寒有直接关联。

另外，与寒冷北方的居住条件与环境也不无关系。

距今大约七千年的兴隆洼文化遗址中的房址，均为圆角方形或长方形的半地穴建筑。距今大约6870年的赵宝沟文化的房址亦是半地穴建筑，呈方形或长方形，也有梯形，房内设灶坑。大房子出现二级阶梯式建筑，未有门道。距今五六千年的赤峰西水泉、蜘蛛山、敖汉三道弯子、四棱山、三官甸子、牛河梁等红山文化遗址多属半地穴方形房址，多数背依山坡，面朝阳，穴内均有灶坑做饭取暖。距今5350年前后的乌尔吉沐伦河畔的富河文化房址，多为方形，也有圆形，排列有序，一般为20平方米左右，屋中央设有灶坑，并用石板砌成方形，便于烧烤食物与冬季取暖。

这种半地穴式的建筑，20世纪40年代以前在东北山区或丘陵地带还随处可见，东北人称之为地窨子。

这种建筑简便易筑，前面向阳，背面利用山坡的山体，前低后高，棚顶横筑木梁，铺上木枝与厚草，再盖上土石，既保温，雨水还可顺坡而下。冬季穴内有灶坑火道取暖，只要食物与草木备足，便可抵御北方隆冬之严寒。这种建筑，从穴内地面到棚顶不可能过高，入内必须坐，或跪，或踞，站立也须低头，或伏胸，或屈腿，方可。

这种生活条件与气候环境，应该说，是造就红山文化期玉立人与立兽立龙姿形的直接原因。至于宗教、信仰、等级观念方面的原因，则不在本文涉及之内。

5． 玉玦
新石器时代
外径 4.8cm　厚 1.1cm
5. Jade Jue
Neolithic Period
Diameter 4.8cm Thickness 1.1cm

　　此玦黄绿色玉。沁为红褐、黄褐色。中孔对穿，外大内小，喇叭状；中孔并非居正中，而稍稍偏上，开口亦稍稍偏上。其形虽然是开口之璧或环，但因其口稍稍偏上，则便有一种抽象而暗示龙玦之

意，半径稍短的一侧为龙首，半径稍长的一侧为龙尾。另外，由于玦在新石器时代并非有"以玦示决(或断)"之意，而是耳饰，所以下垂的部分较之上部半径则长一些，因而重一些。此玦表面及孔之斜面，均十分细腻，均不见磨痕与钻之粗痕，足见佩戴之功用。

　　红山文化玉玦，有多种样式：片形玦、柱形玦、筒形玦；另外丰富多彩五花八门的玦，就是兽形玦，最典型的是猪龙玦；还有鸟形玦、虫形玦，甚至还有人首龙身形玦(图61)。

孔安国所释"七政"与古义不符
——璇玑之一

《舜典》中,"在璇玑玉衡,以齐七政",自汉代孔安国传释以来,已成为两千余年各儒家名士诠释玉璇玑的经典依据。

多年来,在翻阅古籍中,对孔氏传的诠释有所疑义。

孔氏认为:"在,察也。璇,美玉;玑衡,玉者,正天文之器,可运转者。七政,日月五星也,各异政。舜察天文齐七政,以审己当天心与否。"

唐代孔颖达注疏,引释诂说文云:璇,美玉也。玉,是大名;璇,是玉之别称;玑、衡,俱以玉饰。但史之立文不可以玉玑玉衡,一指玉体,一指玉名。

这段引文涵义十分明确,璇、玑、衡,本身即是玉品、美玉;远古立文,不可能在玉品名称之前再蛇足而加玉字。可见,"在璇玑玉衡",衡字前加玉字,在古史文法中则不伦不类。

那么,"在璇玑玉衡,以齐七政",究竟应如何解释?

璇字,古文并无玉字旁,为睿;《说文》,睿,深明也,通也。《书·洪范》,思曰睿。蔡传,睿者,通乎微也。可见,睿字本身就有洞察之意。《尚书》为汉以前之书,记叙更古的周代以前之事,文字亦应是大篆以前的古文。睿字的玉字旁,可想而知,是汉儒们加上去的。几字也应无玉字旁。几(几),《说文》:微也。《易系辞》:几者,动之微吉之先见者也。《皋陶谟》:兢兢业业,一日二日万几(机)。传:言当戒惧万事之微。睿字之前的"在"字,义为察,这个字的含意与睿字其义重复,亦可能是汉儒为了顺畅(他们强加上去的)上下文义,并解释睿几、玉衡

为玉器而不得不加上"在"字。全句删去"在"字,为:"睿几玉衡,以齐七政"。其意应是:尧让位于舜,舜兢兢业业,防微杜渐,洞察万事之几微,以玉平衡侯伯,以调整治理七政。

"以齐七政",齐字,在此并非齐平之意,而是整、调整之意。《玉篇》:整也。《正韵》:无偏颇也。《荀子·富国篇》:必将修礼以齐朝,正法以齐官,平政以齐民。"以齐七政",即是调整、治理七政,使之各政平衡,各政元首恪尽职守,克勤克俭,平安天下。正如《大禹谟》中说:"人心惟危,道心惟微,惟精惟一,允执厥中。"也就是说:危则难安,微则难明,故戒以精一信守其中。

这就涉及到"七政",究竟是日月五星,还是政要政域之七政?

6. 玉玦

新石器时代

高 2.3cm 外径 4cm 内径 0.9cm

6. Jade Jue

Neolithic Period

Diameter 4cm Internal Diameter 0.9cm

Height 2.3cm

此玦青白玉。四色沁：一条瑕纹为甘黄色或虎皮色，另一条为黑色、灰黑色，玦口两侧有红褐色，青白色玉表之内有云雾状沁。此玦来源于锦州，是在沈阳曾出土的筒柱状玦基础之上发展而来。在玦口的两侧，一侧在上，一侧在下，各锯去一个三角形锥体，便形成这件极为罕见的玉玦奇品。仔细琢磨，此玦应是极抽象极简约的龙玦，应是互为首尾的龙。锯下部者为龙首，锯上部者为龙尾；将玦翻转过来，尾则变为首，首则变为尾；这便是互为首尾、首尾合一的龙（玦）。此蟠龙如入梦之状，朦胧之中有酣然之静，酣卧之中有乍醒之动。此玦打破扁平圆形玦与筒状玦的一般模式，想象丰富，匠心独蕴，构思卓尔不群，大刀阔斧之恢宏气势，简直不亚于现代派抽象立体艺术的魅力。周文王推演八卦，创绘互为首尾互相转化的阴阳鱼图，至少在这枚玉品产生之后的两千多年。此玦龙，互为首尾，首尾合一，互相转化，这足以展示新石器时代（红山文化期）我国远古人关于阴阳转化、正反相成的朴素而辩证的艺术思维，何其了得！因此，此玦地地道道堪称新石器时代（或红山文化）玉品之一绝！

"七政"并非日月五星
——璇玑之二

　　"睿幾玉衡,以齐七政"(在璇玑玉衡,以齐七政),这八个字上下两句,是《舜典》经文的总纲。《纲鉴易知录》认为这两句是《舜典》的纲。《舜典》分上下两部分。上部分史述尧闻舜聪明,将使舜嗣位。但为了朝廷与江山之大计,尧将考验舜三载,使其历试诸难。此法亦即现代选官的试验期。难事有:笃行五典;集纳百官,商计百事;迎宾四方凶人;记录天地阴阳四时风雨,不使发生迷错。诸方面功绩均得到尧的首肯与夸赞。三载之内,舜有以下作为:祀神祖天地山川;向群后班瑞;巡守四方;同律度量衡;流宥五刑。二十八载尧帝死之前,舜所为之事,均为察微治难、班瑞于群后,使天下安定之属,即"睿幾玉衡"的方略。

　　尧死之后,舜方实施"以齐七政"的举措。一、咨四岳,推伯禹(大禹)作司空,执平水土之政;二、命弃作后稷,执四时农务之政(《国语》认为后稷是天官,《诗》、《孝经》认为后稷是人称。看上下文式,应当是官称);三、命契(卨)作司徒,执五教之政;四、命皋陶为士,执五刑之政;五、命益作朕虞,执有效利用山泽鸟兽之政;六、命伯夷作秩宗,执三礼之政;七、命夔作典乐,执八音五声之政;八、命龙作纳言,执言上宣下之政。这八官所执掌的均是朝廷的要政。孔安国传释认为,舜帝命六官:禹、垂、益、伯夷、夔、龙。这与本典经文八官不符。本典结尾总计共命二十二官,地方官有四岳与十二牧,共十六位,再加朝廷八位命官,应该是二十四位。这数字的差错可能出在汉儒在整理注释此经典时,为了附会"七政"(日月五星),而搞错了官职"八政"之数。《纲鉴易知录》认为是九官,多了一位执掌土木建筑的共工——垂。有的书典还认为舜有五臣,均是朝廷重臣,执五政。但《舜典》朝廷内却明明白白是八臣执掌八政。

　　"以齐七政"之齐字,绝非是平齐之意,在天体运行中,日月五星是绝对不会平齐的;如果释为整治之齐,亦说不通,日月五星何以整治而使之齐?只有朝廷之政,方可言整治、治理,使之平衡和谐。这才是八官所执掌的八政之本意。

　　"在璇玑玉衡,以齐七政"这两句,插在"受终于文祖"与"肆类于上帝"两句祭祀祖宗与上帝之间,即使是"齐日月"之意,把祭祖祭上帝从本应归纳为同一内容的层次段落中分裂开来,从中转而去

7. 玉外方内圆形器
红山文化
高 7cm　上宽 9.8cm　厚 0.5cm
7. Square Jade with Ring in the Middle
Hongshan Culture
Height 7cm Width on Top 9.8cm Width of
the Bottom 9.5cm Thickness 0.5cm

　　此器黄玉。沁有灰黑色与微黄色毛纹，有浆白色沁膜，玉表内有白色云片状沁；白膜覆盖处包浆较厚，浆内有沁坑与沁疤，但已经平滑润泽。此器上宽下窄，上有两个小孔，以穿系，中间一大孔；孔对穿，均外大内小。器外缘与中孔内缘磨薄，外缘为刃，四角为圆形。外缘之刃有使用刮削的痕迹，尤其四角之刃较为锋利，更为细腻滑润，显然是经常刮削它物所致，两个角中弥合的瑕裂纹，可以说明是用力作用它物所致(上部两个小孔穿绳，可套在指间，中指与食指捏住中间大孔，便可以用力刮削它物)。

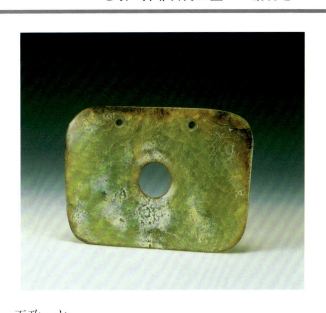

谈"齐日月五星"(七政),显然,有内容层次混乱、不伦不类之嫌。作为《舜典》,阐述要义大道的经典,出现这般层次混乱的典文,是不可能的。如果将其移在"辑五瑞"之前,就与"班五瑞",以齐七政结为一体,顺理成章,成为地地道道的政治举措了。此处内容层次上的混乱,显然有硬性颠置的感觉,显然是汉儒为了曲解"七政"的要义的结果。

《古三坟·人皇神农氏政典》曰:"明君臣、民物、阴阳、兵象,以代结绳之政。"君、臣、民、物、阴、阳、兵象,应是神农之七政。又分为具体要职为十正:道正、乐正、刑正、禄正、礼正、治正、丧正、干戈正、市肆正、讥禁正。有官有业,一归于正。政者,正也,正其事。《地皇轩辕氏政典》曰:"天师(歧伯),司日月星辰阴阳历数;中正(后土),掌察山川草木虫鱼鸟兽;东正(龙),分爵禄贤智;南正(融),平礼服祭祀;西正(太封),分干戈刑法;北正(太常),居田制民事;另加相辅。"这里恰恰是七政,《周逸书》中的《九政》,可惜失传,内容无从考证。《尚书·洪范》云,天地人之常道,其中有八政。与顾炎武《日知录》所释八政相同:食、货、祀、司空、司徒、司寇、宾、师。

古书典籍中的四政、五政、六政、八政、九政,均为政治,均设其官,分理其政。《舜典》中的七政,如果是指日月五星,那么按古制就应设置七位官员分别执理此七政,但却从未有资料可以证明有专职七官分掌此七政。《舜典》中只设弃一人为后稷,执掌四时农务,天时四季阴阳星宿变化应由后稷所兼豁管。这些内容也只属一政。《尧典》命羲氏为天官、和氏为地官。由两氏之四子分管春(羲仲)、夏(羲叔)、秋(和仲)、冬(和叔),但这四季四时农务却与兼东南西北四方结合,这就节免另设四官另执掌四方。这六政均为政治,日月五星历象之事已融在四时农务之中,并未将日、月、五星分解为七项政务分理。其实,就远古的科学水平,这是不可能办到的。即使在科学发达的今天也只能设一个科研机构去研究管理,也不可能分为七政(项)分别研管。研究古籍,古人言政,或数政,一般均指政务、治政、或正其事之政。"睿幾玉衡,以齐七政",就是虞舜执政的手段与纲要。以班瑞(玉)的手段封官封侯,命其分掌其政,以治衡安定天下。因此说,即使璇玑可能有观星的用途,而《舜典》中的七政也不是指日月五星。

8 玉勾形器

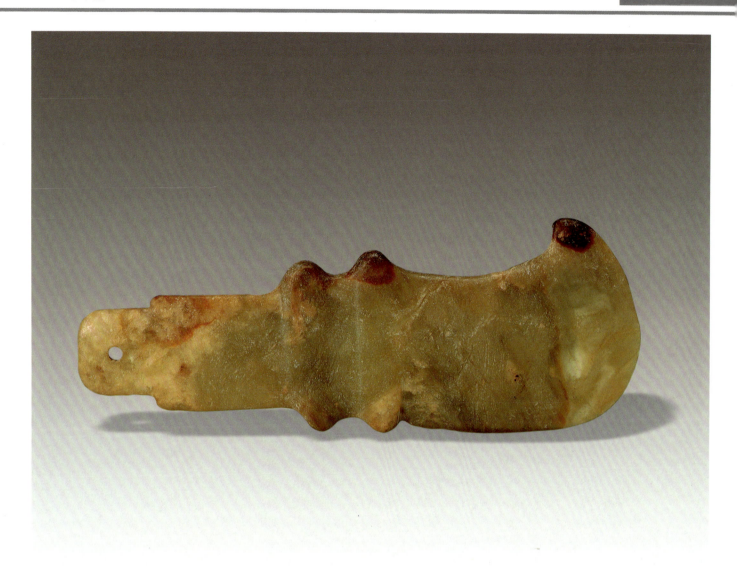

8．玉勾形器

红山文化

长14cm　宽5cm　厚0.9cm

8. Jade Hook

Hongshan Culture

Length 14cm　Width 5cm　Thickness 0.9cm

　　此器青玉。沁色红褐、黄褐、黄白等；玉表有毛孔状沁点，沁洞内有锈黄色物质；玉内沁呈云雾状。此器前端似刀，尖部上翘；中间有两个凸起扉棱，两棱之间的凹槽较宽；后部窄于前端，后端更窄，窄端上的孔为一面穿孔，一侧孔大，一侧孔小。器之勾端沿弧至扉棱的一指宽处有刃，刃两侧为斜面；刃与斜面光腻细润，沁坑细小密集，而且刃面上有弥合的瑕裂纹。显然，此器是使用工具，圆弧刃处是使用的集中部位。上下两个凸棱与后端边缘的棱，也较光圆，亦有使磨痕迹，可能是在手内不断使握所致。此器玉质明透，沁色鲜丽，是一件色状俱佳的红山玉品。

璇玑并非观天测星之器
——璇玑之三

陈大年在《古玉类·璇玑正天文之可疑》中说："即以其本身形制而论，玑牙位置，已各不同。有横箫与无横箫，亦互异其制。何从而测天象也？"而汉代孔安国在《舜典》注释中云："玑衡，玉者，正天文之器，可运转者；七政，日月五星各异政。"孔颖达注疏云："玑衡者，玑为转运，衡为横箫；运玑使动于下，以衡望之，是王者正天文之器。汉世以来谓之浑天仪者是也。"蔡邕云："玉衡长八尺，孔径一寸，下端望之，以视星辰，盖悬玑以象天，而衡望之，转玑窥衡，以知星宿，是其说也。"疏中又云："南朝宋元嘉年，皮延宗又作是浑天论。太史丞钱乐铸铜作浑天仪。传于齐梁，周平江陵，迁其器于长安，今在太史书矣。衡长八尺，玑径八尺，圆周二丈五尺，强转而望之，有其法也。"

从上文可知，南朝宋以前，古人所言玑衡均指浑天仪，并非是后人或今人所说的玉制璇玑玉衡。

自从汉代孔安国之后，对《尚书·舜典》中"在璿玑玉衡"的注释，均为附会臆断之说。衡，则应似横箫，进而如蔡邕说，长八尺，孔径一寸。其实这么长的管状器，从一寸的孔径中望出去，一无放大的望远镜，二无澄清太空尘埃的器械，只凭肉眼，又局限在寸孔的八尺长管中，这种"观天器"简直不如仰视双目于太空，看得直接爽明。旋转二丈五尺之周、八尺之径的玑，如何得"其法"，亦是无从得知观天要领。

另外，璇玑玉衡，如果似钱乐铜铸浑天仪之大，显然是不可能的；如果似出土玉璇玑之小，用其观天，其法亦不得而知。

中国远古玉器的遗存中，仅有璇玑一种可供今人审视与研讨，而与璇玑共同观测天文的衡，并无实物可参证，其实，这种观天的玉衡并不存在。而璇玑这种玉器，民间流传较多，且体积并不大，径几厘米至十厘米以内的颇多，径超过十厘米的则寥寥无几。

这种玉器，一般称为戚璧，或齿璧，那志良将其视为璧的一种特殊类型。商周的璇玑一般有三个同向齿凸，新石器时期的璇玑也不罕见。

民间流传的红山文化玉器中有猪龙首与鹰鸮首玉璇玑，猪龙与鹰鸮均面向同一个方向，其姿势动作明显展现三者连续的性行为，应是远古祖先对生命不息、再生循环的认识与信念。

这种玉璇玑应是两个氏族的姓氏图腾或男女两性的性图腾，或是礼器，或是祭器，显然不是天文仪器。周南泉先生根据在河底发现的璇玑，就论证其为祭河川之器，并非观天之器。

9．玉勾形器

红山文化

长 33.6cm　宽 10.5cm　厚 2.4cm

9. Jade Hook

Hongshan Culture

Length 33.6cm　Width 10.5cm

Thickness 2.4cm

　　此器玉质似碧玉。彩沁为红褐色、深黄色、淡黄色，红黄相间之沁色为难得的虎皮色沁；锈沁处大多为锈点或小孔，亦有黑色金属沁，刃端部有一粒径为一毫米的较大沁孔，孔内布满黑色金属颗粒（运用50倍放大镜可仔细观察）；刃部有微小的破皮处，其内玉质已钙化，为灰色。如此天然沁色可谓绝美之色。虎皮花纹之沁，似乎颇有条理，从左上向右下，斜方向展开，可能是泥沙中沁蚀物质随水的流渗方向，不断向器体沁蚀，经几千年不息的流渗，才点染成如此绝沁绝色。此勾形器除后端截面平齐、角棱较直之外，前端的刃端尖部，与中间两个平行的扉棱均圆钝；刃端的前部中间磨有较深的凹槽；末端之窄榫及孔，应是插在长木把的榫槽之内，以穿绳系牢，中部的两个扉棱亦应是固定木柄的捆绑处。如此经过双道加柄系牢，即可作为长柄武器（最原始的战刀）攻击敌人或击杀猛兽；此器亦可去柄，手握近战。如此之大器，悬挂在"宝座"之上，就应是族权、神权、军权的最高象征物。此器之美，此器之大，应是红山文化此类玉器之最。

10.　玉竹节纹管

红山文化

长 8cm　直径 1.7cm

10. Jade Bamboo Pattern Tube

Hongshan Culture

Length 8cm　Diameter 1.7cm

此管白玉。沁色为灰褐、灰黄、黑(黑漆古)；玉表有沁斑与沁脉，沁脉枝状，包浆较厚，有亮泽；有一道制前天然裂璺，已经自然弥合；从中间断开处观察，受沁较深，断面全部受沁，铅锡之类的黑色金属从玉表蜿蜒入内，一直沁到管孔的内璧，管璧已经轻度钙化。经把玩，白玉质开始复原，为白色斑点状，并且逐渐扩大。此管的断面，呈现给我们远古玉品真实可见的受沁状态，这与人工染色只在有限的玉表层面上的着色状态完全不同。此管两端略凸，在三分之处，沿管璧一周，有两道凸棱，似竹节形。以后较晚时期出现的竹节佩，均在棱上琢阴线，以逼真其竹节之状。此管另一项有研究价值的内容则是：管璧上有一个 形符号。其为何意，不得而知。此管的穿孔呈喇叭状；除佩饰之外，可能还用于吹火。红山文化玉器中竹节形玉管，在出土文献中已有所记载。

红山文化玉器的源头

东北新石器时代的早期文化，称前红山文化，距今 8000～6200 年。辽宁阜新查海遗址从 1982～1986 年先后经七次发掘，出土玉器 60 余件。玉玦、玉匕，呈淡绿色，玉玦开口的割制法与红山文化一致。玉斧、玉锛、玉凿皆为软玉。出土的石斧体稍扁，多正锋斜刃，两侧面磨出平直棱，红山文化石斧两侧也常用这种平磨直棱技法。1994 年查海遗址还发现称为"中国第一龙"的龙形石堆，全长 20 米，宽 1.5 米，头、腹、爪、尾清晰可辨。从查海的龙和玉器中可以发现红山文化玉器的源头。内蒙古赤峰兴隆洼文化，距今 7000 余年。手制夹沙陶器上的主体纹饰，是交叉纹、网格纹、竖压横排之字形纹，以及戳印横点纹；新乐遗址下层文化的陶器除之字纹、刺划的直线纹外，还有压印弦纹。陶塑有小猪、小狗头等。这些纹饰亦可窥见红山文化陶器纹饰对玉器纹饰的影响。7000 年前的沈阳新乐文化遗址出土的近似大鹏鸟图案的木雕艺术品，以及玉石磨制的人形刻刀，6000 年前的密山新开流出土的骨雕鹰头，似乎都能找到红山文化中的玉鹰、玉鸮鸟作品何以那么丰富多彩、那么繁多的远因。红山文化玉器中较多的猪形玉饰及较多运用的网纹、凸棱的平行弦纹都可以从中寻到源头。

新石器时代的晚期文化略早于红山文化。辽宁丹东后洼遗址距今 6000 余年，出土数件滑石雕刻作品。有两件人头雕像：一件半身头像，披发，深目，大口，身刻衣带纹饰；另一件面部内凹，露牙。其用途或是崇拜的神像，或是氏族的图腾。陶器刻横线、网格纹、人字纹、席纹、竖纹、斜线、点纹等。吉林省农安左家山遗址，出土一件石龙，也有说是熊，灰白石料，身蜷，首尾衔接似环璧，周身无纹，五官突起，背部有穿孔，长 4.1 厘米，对红山文化的玉猪龙有潜移默化的影响。黑龙江密山新开流遗址位于小兴凯湖湖岗上，距今亦 6000 余年。陶器上的鱼鳞纹、网纹、波纹较多，亦有菱形纹、三角纹。陶器上有泥条贴上的凸棱装饰，有划纹、凸线、方格纹等。发掘一件鹰首骨雕，鹰引颈腾空，似觅猎物。内蒙古赵宝沟遗址的陶器上有猪头龙、鹿头麟、大鸟首、牛首等纹饰，完全图案化，华丽工整，各种动物图案衔接互相照应，布局得体，对红山文化玉器的造型与纹饰都有较深刻的影响。

东北诸地新石器时代的早期文化，都应是红山文化的源头。

11. 玉鱼形镶

红山文化

长 5.8cm 宽 3cm 厚 1.2cm

11. Jade Fish Shape Xi

Hongshan Culture

Length 5.8cm Width 3cm Thickness 1.2cm

此镶白玉。沁为黄褐、青灰色；玉表有沁洞、沁沟、沁疤，其状态有如玉表受沁而软化融化之后而重新结构一般，玉表沁裂处的破口之下，是包浆的青白玉质。此镶受沁的状态是红山文化玉器受沁诸多状态中的一种典型状态，可为判断红山文化玉器提供一种真实的参照。此镶头圆阔，尾尖窄，背上弓，腹内凹；

头后尾前，身两侧随其身形磨有弧形凹槽(红山文化玉器上的凹槽，与凸棱同样是塑造形象的艺术语言与红山文化玉器的标识)，以示圆硕之头与扁宽之体尾间的分界，以及鱼脊与鱼腹的分界。鱼头上的对穿喇叭状孔为鱼目，孔外运用减地法磨出圈棱，使鱼目不仅大而且圆，似有眼球眼仁炯炯传神之感；圆头之下有一个模糊不清的小豁口为口，使其圆阔之首更具神秘难测之感。此鱼似一个大顿号，简单，概括。是鱼？是蝌蚪？是鸟？都似是而非。因其尾部尖而薄，而且有刃，并有包浆弥合的破损痕迹，所以它应是使用工具——鱼形玉镶。

红山文化的年代与地域

张碧波、董国尧主编的《中国古代北方民族文化史》称新石器早期的查海文化为红山文化的前身，即"前红山文化"，距今约8000年；直至新石器晚期内蒙古敖汉旗的赵宝沟文化，距今大约6200年左右，仍属前红山文化。

红山文化又分为红山文化前期阶段与中、后期阶段。内蒙古赤峰红山后遗址与赤峰西水泉遗址为红山文化前期阶段。1908年开始在赤峰红山后遗址考查，1935年正式发掘，称为"赤峰第一文化"，1954年正式定名为"红山文化"。红山文化年代大约为距今5500年～6200年之间。辽宁阜新胡头沟玉器、辽宁喀左东山嘴玉器、辽宁凌源三官甸子玉器以及凌源建平交界处牛河梁的随葬玉器，均属红山文化中、后期阶段，大约距今5500年～4800年之间。红山文化属细石器文化，已与长城以南的仰韶文化结合发展为一种独具特色的文化，或亦有人称为仰韶文化在东北地区的一支新型文化。

以辽宁锦西沙锅屯遗址、内蒙古敖汉旗小河沿遗址、内蒙古翁牛特旗石棚山墓地为代表的小河沿文化，仍属新石器时期文化，分布范围大体与红山文化的分布一致，但晚于红山文化，早于东北地区青铜时代的夏家店下层文化，所出器物的器形、纹饰图案明显看出对红山文化的继承与发展。年代大约距现在4800年以后，青铜产生之前的这一段时期，可以称为"后红山文化"。

红山文化地域分布，在内蒙古东南部、辽宁西部、东部、吉林西北部、河北北部等长城以北为主的广阔区域。红山文化覆盖的地域，可能要远远大于以上现在考古所发现的范围。

12. 玉弯勾形器

红山文化

高 13cm 宽 5.7cm 厚 1cm

12. Jade Hook Ornament

Hongshan Culture

Length 12cm Width 5.7cm Thickness 1cm

此器白玉。沁为黑色、灰色、青灰色、紫红色、淡白色；沁入玉机理中的银白色金属(可能是锡银之类)，已经从沁纹、沁脉中分泌泛溢出来，在器表上密布大片

"锡光"(曾见过一件与此器成对的折断玉品，此金属已经沁透玉器的断截面)。此器型在红山文化彩陶罐上组成连续图案(中国大百科全书·考古学卷)，其形应是图案化的玉勾龙形象。顶端为锐角形，顶端相对的下端为钝角形，上应为龙角，下应为龙唇；孔虽然是对穿，并不象红山玉器明显的喇叭筒状，而是在外侧进一步加工一圈斜坡，这正是此孔为眼目的明显特征；因其孔外有斜坡，使孔才会产生眼轮眼瞳的视角效果。有人认为，红山玉

器上的穿孔之外，二次钻坡者，为仿品；此器之孔可以证明，二次钻坡之孔，即使有仿品，但亦不能一概而论。此器孔内之螺旋以及螺旋的接合状态：孔面粗糙，高低不平，并有沁而且包浆，与玉器整体和谐一致，因而，孔亦是原始之工。此器背弧弓，至下端上弯内敛，应是龙尾之状。可以判断，此器除了作为龙饰佩件之外，完全可能作为挂勾使用。它是红山文化玉器之中的奇品，能给我们提供诸多思考与研究。

红山文化玉器的种类

根据我国目前记录在册的20余处红山文化遗址所提供的近300件红山文化玉品分析归类，红山文化玉石器大致分为以下诸种：

第一类，生产生活工具。

有玉刀、玉斧、玉凿、玉石犁；刮削器、尖锥状器、研磨器(盘状器与棒状器)；网坠(鱼形坠、叶形坠)等。

第二类，兵器。

有玉匕、玉矛、叶形玉箭镞、玉勾形器等。

第三类，玉佩饰。

定位饰物：玉马蹄形饰(筒状箍、发饰)、玉镯(玉箍)、玉珠球(项饰)。

一般饰物：玉玦(断口璧环状、断口筒状、龙鸟状)、玉环、玉璧、方形璧(中间一大孔，上端两小孔，可能亦是刮削器)、三联璧、丫形器、双龙首(双猪龙首)玉璜、双龙(猪)首三孔器、竹节状玉管(可能亦用于吹火)等；

动物形饰：玉鹰鸮、玉鸟、玉鸡、玉回头鹅、玉龟、玉鱼、玉狗、玉猪、玉虎(龟鱼之外，均丹东马家店出土)等；

神化饰物：玉龙(猪形或兽胎形、勾形)。

以上红山文化玉石器，均有考古在册纪录。

民间收藏与流传的红山文化玉器的种类，则更加丰富多彩，新颖别致。许多玉器虽然未有出土资料为依据，但从风格、形制、磨工、沁蚀迹象等诸方面分析与研究，可以定其真伪。

民间的红山文化玉器尚有以下诸种：

1.人物类

立雕玉人(立式、蹲式、跪式、坐式)、脸谱玉佩、玉骷髅等；

2.性崇拜类

玉男祖(多为圆柱形)、玉女祖(多为片状)、女乳形玉饰等。

3.神化物类

龙凤合体、人兽合体、人禽合体、人虫合体、禽兽合体等复合玉雕，可能产生于红山文化晚期或后红山文化期；

4.动物类

北方可见的动物以及动物的头或面，都是红山文化玉器雕琢的对象。

红山文化玉器造型多种多样，可谓洋洋大观、美妙绝伦。红山文化晚期或后红山文化期的玉器中涌现大量的颇具神话色彩的奇绝玉品，简直使人眼花缭乱，不可思议；由于它们的出现，民间的红山文化玉器普遍遭致非议，甚至出现有人只认可三百件有科学发掘记录的红山文化玉器的现象。

13．玉蛹
红山文化
长 9.5cm 外径 2cm
13. Jade Larva
Hongshan Culture
Length 9.5cm　Diameter 2cm

　　此蛹黄玉。玉表有黄色土锈沁，玉瑕已沁为条沟状，右侧瑕内沁为灰黑色，多处磨痕沁为圆形或线头形的微坑。此蛹从头至尾，呈螺旋状，因而有一种似乎内在的蠕动感；头为半球形，前部一对斜穿为睛。穿内壁呈瓦凹状，深深浅浅，宽宽窄窄，长长短短，叠压较多，而且，双孔对接处几番偏离。这种孔穿内的状态，是典型的红山文化玉器钻孔的方式之一。蛹体螺旋棱（纹）间的凹槽内是横磨痕迹；螺旋棱脊横截面的边缘不是圆弧形，而是反复磨去棱角的多边形，也就是说，本应浑圆的棱面上却是由许许多多的小平面构成，其磨制法与图2玉环凸面的磨法相似。这种磨制圆棱的工法亦是红山文化玉器典型的磨制工法之一。此玉蛹罕见，是珍稀之品。

红山文化玉器形制的特征

中国远古各地域的新石器时代文化，各具特色。而红山文化玉器别具一格，其古朴而高超的艺术水平，令今人叹为观止。可以说，红山文化玉器塑造动物与人物的高超技艺与创造力，使以后几个时代都望尘莫及。红山文化玉器之所以能够达到非凡的水平，是因其有自己独特的条件、优势与手段。

比较新石器时代各地域文化的特点，红山文化玉器的形制具备以下几个特征：

其一，红山玉器浑圆、厚重、分量感强。各地域文化的玉玦几乎都是平片状，而惟独红山文化玉玦中竟有桶柱状者，十分厚重。红山玉器圆雕较多，"疙瘩件"较多。玉龙玦、玉鸟、玉兽，多为厚厚实实，敦敦胖胖。红山玉器中的片形器，如璧、环、勾云纹形器等玉器，其面并非平直，而在内孔与外缘之间多有拱起之面，使器物厚度增加，比一般平直的片状玉器厚重而坚实。勾云纹形器在较宽的云涡纹的两侧均有凸起棱，因而增其厚度与对外力的承受力。

其二，红山玉器的边缘均磨棱，手感款适，舒和圆润。良渚文化玉器多见方形，多见棱角。方形的玉琮自不必说，即使动物的头、翅、尾等部位，璧、璜、斧的边缘，都有陡直的棱角。而红山文化玉器几乎

没有陡直的棱角，凡是陡直的部位均磨去棱角，使玉器边缘呈现浑圆状；即使璧玦类玉器的边缘，也不是陡直的棱面，而是将边棱磨为脊棱。有的玉器的边缘磨成较锋利的刃，如方形璧(或称外方内圆形器)的四个边缘，均磨为薄刃，可能用以刮削，或作为玉刀使用。

其三，红山玉器深磨、深钻、深镂，直感深刻。南方良渚文化玉器喜欢在平直的玉面上精雕细刻浅淡的纹饰，刻画平面的纹像；红山玉器则喜欢大刀阔斧将玉块深"切"深"削"，深挖深掏，塑造一目了然的立体圆塑形象。这就要求玉料必须有足够的厚度，所以红山玉器中镂雕的圆雕玉品有显著的纵深感。即使在玉器表面上辅以纹饰，也较多运用较为深刻的磨凹或深沟，磨出粗阔凸显的棱线，以渲染物状的特征(浅显的细线纹运用较少，只有特殊情况下使用，如琢饰猪龙胎的眼廓或勾龙的头部)。红山玉器动物身躯上普遍运用的平行凸棱，可以鲜明地体现这种特征。

其四，红山玉器中动物形玉饰的特征：

红山玉器中动物形玉饰(包括神化物玉饰)占有相当多的数量。

1.红山玉器动物形玉饰的主要特征集中在头部，头部中又往往集中在最能突出此物特征的某一器官

14．玉蝉

红山文化

高 9.8cm　宽 7.6cm　厚 3.3cm

14. Jade Celadon

Hongshan Culture

Length 9.8cm Width 7.6cm

Thickness 3.3cm

此蝉青白玉。沁蚀较重，右侧边缘烂蚀，布满深浅大小不一的沙咬坑，玉表沁为灰黄色，青白玉质地清晰可辨。此蝉头部隆起，双目高凸；蝉身前宽后窄，翘肩、颈壳、翅缘呈弧形，尾弧上有尖凸，颈壳之下，人字纹棱分开双翅与尾。蝉腹部为上宽下窄的丘状凸起，上端边缘呈圆弧形，有一对斜穿孔，之下有两个M形的凸棱为蝉肢，之下为凸腹；圆丘状蝉腹之外缘，为渐低的斜坡，与背翅融为边棱。此蝉，可谓开五千年蝉形图案之先河。商周至汉代之蝉形，发展为长方形或长圆形，其背部纹饰均未脱离此蝉纹饰的模式。汉代以前，上至新石器时代，蝉是诸多动物形佩饰之中最多的佩饰。《史记·屈原传》："蝉蜕于浊秽，以浮游尘埃之外，不获世之滋垢。"历代文人不断赞其"饮清露"之高洁、"居高声自远"的高风亮节。远（太）古时期的中华祖先已被蝉之神秘的变化所吸引或迷惑，蝉的幼虫变为蛹，蛹变为成虫，要蜕变三次，其变化之多与神秘是其它动物与昆虫无可比拟的。于是，它就成为崇拜物之一。后来，它就成为"清高"与"超然尘世获得永生"的象征。

上，如猪的翘唇、龙的大目、鹰的展翅、狗的阔耳等。玉猪龙头部的耳、鼻、口、獠牙均加以琢饰，但最为注重琢饰的中心却是圆圆的大目，目周围的眼廓有微棱有微凹，还琢饰细阴线，以突出大圆目。

2.动物的主要部位，头或某一器官加以夸张、变形，除突出其特征之外，主要强化其神秘色彩。勾龙，加长其头，加高其翘唇，加长加凸其梭形目，加宽加长其鬣鬃，以突出勾龙的奇异与神性。

3.非突出非强化的部位，则运用概括、简约的手法，大刀阔斧塑造其形，甚至琢磨工亦显得粗犷而简略。如勾龙之躯，只是琢磨其C形的柱状之身，身上不再琢饰鳞鳍脚爪；柱面，尤其尾端，琢磨的棱痕往往十分明显，显得似乎加工不细。

琢有深浅，磨有轻重，工有精粗，方成艺术之规矩方圆。红山玉器所体现的独蕴之匠心，卓越之技艺，不能不令人抚玉而叹。

4.红山玉器动物(包括神化物)造型奇形怪状，新颖传奇。红山玉器的怪模怪样可能使人接受不了，有人就认为，它可能是伪品制造者别出心裁牟取暴利所为(当然牟取暴利者亦大有人在)。其实，伪造者们未必有那么卓绝的想象力。民间流传的许许多多的红山玉器，其造型，其构思，其技艺，真乃令当代人难以置信："五六千年前的古人怎么会想出造出这种形象？"多年来，红山玉器的不断涌现(当然仿制品遍地皆是，但不可能充替埋没红山真品)，不能不令人对红山古人的艺术才能刮目相看。我们不能拘泥于仅仅有记载的有限的近300件红山玉器的式样，而认为红山玉器的面貌与水平亦仅仅如此而已。人们都知道，红山文化期延续时间最长，地域覆盖面最广，玉料资源也最为丰富，加之红山古人思想观念可能最为活跃，对大自然的抗争力最强，因而更富于创造性。因此，可以想象与揆测，红山玉器的产量，可能远远超越我们的估算与想象。恰逢当今土木工程遍地，沉睡于地下几千年的红山古器重见天日的机会越来越多。近些年发现，只要红山古人可以看见或发现的走兽、飞禽、水族、昆虫、人物，可以说，大千世界中的动物，在红山玉器中几乎均有表现；而且在红山鼎盛时期以后还出现了许多富有神秘感富有传奇色彩的人神形象，什么人禽、人虫、人兽、人龙合一的复合体玉器。我们期待着考古发现这些新奇的玉器。因为，新奇，就是红山玉器的特色之一；不新不奇，可以说，就不是红山玉器；拒绝新奇，就很难研究与收藏鉴赏中国古玉了。可以说，中国古玉史中玉器新奇的特征，就起源于红山文化玉器。

15．玉蜂形坠

红山文化

高 4.5cm 宽 3.5cm 厚 1.5cm

15．Jade Bee Pendant

Hongshan Culture

Height 4.5cm Width 3.5cm

Thickness 1.5cm

此蜂形坠黄玉。沁色为灰白、烟褐；最早形成的一层浆(浮浆)像蜕壳一般大部分剥落，左侧、尾部、腹部，还大部分完整，而包浆剥落的部分又重新包浆。一般玉品，浮浆经盘玩，容易盘去，但自行剥落的，此器尚是首例。此器浆壳蜕落的现象，说明远(太)古玉的受沁，有两次沁浆：初出土的浆，为第一次包浆——浮浆，浮浆干燥之后，由于玉质表面与沁质的种种原因，形成与玉表可以分离而剥落的浆壳；浆壳剥落之后，由于玉品受沁深重，由于温度与湿度的适宜，玉壳剥落的玉表继续沁浆，这就是第二次包浆。此蜂造型，前部宽，两侧为近似三角形的凸钳，似蟹钳，其实是夸张突出蜜蜂采蜜的双肢，肢上有穿孔；双肢之间一对目圆凸；双肢之后窄凹处的下部为肥宽的蜂腰，腰下部圆钝的后端为蜂尾；蜂背上有三条宽棱，以表示蠕动的蜂腰与纹饰。蜂腹较平，为平磨，尾上部有一对斜穿孔。此蜂有两对孔，显然是为了佩饰方便，而且是佩饰率极高的玉饰，可见，酿蜜之蜂被喜爱之程度。

红山文化玉器的纹饰

红山文化玉器上的纹饰与红山文化陶器上的纹饰有很多相似之处。查海文化陶器纹饰极为丰富，有压划的几何纹、压印的之字纹或斜线纹、戳刺印点纹、弧线之字纹、交叉纹，陶片上还有鳞状纹、蛙纹、蛇衔蛙纹。内蒙古敖汉兴隆洼陶器上增加有网状纹。沈阳新乐遗址陶器通体施纹，多用压印之字纹、压印弦纹，也有刺划纹。木雕上出现鸟的图案，羽毛雕刻生动。辽宁小珠山文化陶器上出现压印席纹、平行斜线纹、人字纹、双沟涡纹。辽宁丹东后洼文化陶器用横线弦纹、网纹、人字纹、席纹、竖条纹、斜线纹、点纹等。内蒙古敖汉赵宝沟文化陶器代表纹饰是几何纹、之字纹与动物纹。动物并非写实，而极富创造性，有神化或崇拜物的特征。猪头龙、鹿头、大鸟首、牛首等，完全图案化，衔接照应，自然得体，水平高超。辽宁阜新胡头沟陶器上的平行条纹带、网纹和勾连涡纹带，不仅是红山文化典型陶器的纹饰，也是红山文化玉器上的典型纹饰。

由于玉料坚硬，磨制难度较大，所以红山文化玉器上的纹饰远不及陶器纹饰那么丰富，难于做到多种纹饰并用于一件器物上。

玉器常用的典型纹饰有：

1. 网纹。多用在 C 形龙眼部之前的面梁部位或下颌部位。

2. 涡纹。多用于勾云纹佩或凤鸟纹佩饰上。红山文化玉器上的涡纹，多由深而宽的凹洼突出高而凸的旋棱，与后世的单线涡纹不同。

3. 平行纹。红山文化这种线纹最富于特点，与其他原始文化的平行阴线纹不同，而普遍为阳纹，并且构成高而凸的棱，棱与棱之间往往磨制宽凹的槽，槽底或浅平或深凹。这种平行阳纹凸棱，是红山文化玉器的典型特征之一。

4. 弧纹。人物的眉往往用阴线弧，在龙或凤的躯干部位也往往用阴线弧，这种阴线往往还加深加宽，构成较明显的弧形凹槽，以突出形象的立体感。

5. 圈纹。有两种圈纹：小圆圈阴线纹，多为眼目；大细阴线圈纹与宽大粗阴线圈纹之间夹凸棱，以突出猪龙或动物的大眼目。

6. 大乳凸纹。红山文化玉器中的昆虫、禽兽的大眼睛往往用大乳凸纹表现。这亦是红山文化玉器动物形象的典型特征之一。

7. 圆坑纹。有的玉器人或兽的双目用圈坑。有的用对穿孔，既是动物的双目，又可穿绳挂系。有的在孔的边缘运用较宽的圈棱，以表现其目的特征。

8. 隐凹纹。有些片状玉器或较平的玉饰表面上，常磨出平浅但宽阔的隐凹或浅洼，以突出器物特征。

总之，红山文化玉器的纹饰比较简约，特征突出；动物的纹饰重点往往集中在头部、面部。玉器上的纹饰不如陶器上的纹饰繁复密集，但玉器以其造型的丰富多彩、变化微妙，补充了玉器上纹饰之不足。

16. 玉蜂形坠
红山文化
高 4cm　宽 3.6cm　厚 1.3cm

16. Jade Bee Pendant
Hongshan Culture
Height 4cm　Width 3.6cm　Thickness 1.3cm

　　此蜂形坠青玉。沁色为黄褐、红褐、血红、灰黑、黑紫，可谓五色彩沁，是一件彩色斑斓的美艳玉品。此器造型与前器(图15)相同。头前端平齐，与双肢在同一平面上；圆凸双目与背脊相连；背脊与头成梯形，中间隆起；背脊下端有两条阴线槽与其构成的阳纹双棱；尾肚浑圆，下端稍尖；双肢上有斜穿，背下部亦有一对斜穿。此坠饰倒过来佩戴，应是蛙形佩。穿内有极厚的浆与盐碱"嘎巴"凝结在一起。此器腹部的鸡血红色，如鸡血石一般艳丽，这在古玉中并不多见，尤其是红山文化或新石器时代玉品，由于年代久远，沁蚀深重，极难形成这般美艳之色。古玉受沁，由于玉质、沁质、受沁环境与条件多种多样，受沁状态五花八门，沁色亦五颜六色；随着盘玩过程的延长，玉色亦随之演变，这便是古玉的魅力之一。

红山文化玉器纹饰的特征

红山文化玉器中的工具类、璧、环、玦(片形、桶柱形)一般没有纹饰,而其它佩饰,尤其是动物类佩饰绝大多数都有纹饰。

红山文化玉器上运用最普遍、最具特色的纹饰有两种:一是平行的凸棱纹,二是沟底截面呈凹弧形的线槽或较宽浅的洼槽。其它纹饰,如网状纹、圆坑纹、纺槌形细线纹等,运用范围较少。

平行凸棱纹

凸棱是红山文化玉器最普遍最流行的标志,而且是与其它新石器时代玉器相区别的最显著的特征之一。红山玉器上平行的凸棱或圆凸线棱,具有极强的概括力与表现力。动物的头部、颈部、腹部、背部、翅部、足部、尾部等,常常由几条平行的凸棱或平行的弧棱,或表现长而松弛的鼻唇,或表现充满动感的多节颈,或表现臃肿(或修长)的凸腹与扭动的脊,或表现透迤的长尾,或表现可展可欲的翅羽……千篇一律的单一纹饰模式,在千变万化的形象的机体上一旦展现,便跃动起无穷无尽的生命力

与艺术魅力。运用凸棱表现动物机体的特征,手法极简约,极概括,也极为夸张。可以说,这种凸棱是红山文化玉器独具艺术表现力与艺术特色的雕塑语言符号。

凹洼纹

凹洼是红山玉器上与凸棱相反的特征,是从凸棱效果的反面塑造艺术形象的另一种行之有效的表现方法。为了形象地显现动物形体的造型与特征,往往在较平的玉面上磨出较宽阔的较平浅的凹洼。玉猪龙面部的侧面,在大圆眼仁与眼睑的微凸之间,就有凹洼,以突出眼轮的微棱;片状鱼鸟身躯的两个侧面,往往也有凹洼,以突出动物形体隐约而模糊的特征。在勾云纹形器上、鸟的翅羽上常常运用这种凹洼。凹洼与其周围微微隆起的凸面形成明暗对比,动物体形便得以最简约地突现。如果倾斜玉器平面观察,便可看到光色较暗的凹洼;用手指亦可以触摸到凹处。这种凹洼,其长短、宽窄、深浅、曲度,与动物或器形的长短、宽窄、深浅、曲度是和谐一致的。

17.　玉蜘蛛

红山文化

长 6cm　宽 2.5cm　高 1.7cm

17. Jade Spider

Hongshan Culture

Length cm Width 2.5cm Height 1.7cm

　　此蜘蛛白玉。此器为七色彩沁：桔红色、红褐色、紫褐色、奶白色、灰白色、灰黑色、黑色等，可谓彩色缤纷；深色沁均为霜花状、松枝状、团簇状，在放大镜下观察，简直是一个美丽无比的彩色世界。这种沁色，只能浑然天成，绝非作伪所能为之；毫无疑问，这亦是鉴别古玉真

伪的根据或标志之一。此蜘蛛近似葫芦形，前端的双凸是伸出的近似片状的双肢，作捕捉状，肢前部穿孔；背面双凹之后的扁圆球体部分，为蜘蛛的肚腹，肚腹前侧，肚腹与前双肢之间，由深凹区分。头与凸起的双目，在双肢之下；由于双肢覆盖，空间狭窄，施工受其影响，双目的圆凸不甚圆，其圆凸周围的圆槽阴线浅且不圆，而且均压向下部，因而双目成为半球形（大于半球），圆槽成为弧形（大于半圆）；头下与肚腹之间，有较宽的隐凹，以区分头与肚腹。此蜘蛛是一件不可多见的精品。

　　还有另一种凹洼纹，可称为凹槽纹。它与凸棱与凸棱之间的凹槽不同，而是在平面上较宽的距离处磨出凹槽。这种凹槽象征动物的某种器官或形象，这种凹槽与凹槽之间仍是一个较窄的面，棱感不强(这种凹洼纹，与凸棱纹之间的凹槽不尽相同)。

　　凸目纹

　　凸目是红山玉器最亮丽、最具艺术魅力的神韵所在。红山文化玉器所有有生命的玉饰，都赋于一双或圆、或椭圆、或芒果形、或梭形的高凸的硕大炯目。眼睛极为夸张，其硕大，其高隆，远远超过其正常目与头部的比例。这种艺术夸张充分展现了红山期古人的艺术天才与想象力。凸目的运用，来源于自然界动物的特征。鱼、鸟目是圆的，红山玉鸮、玉鱼的目是圆凸形，在圆凸的边缘一般加磨一圈阴线，多为横磨；人物的眼睛是芒果形，近于真实，眼球周围深磨，多为横磨后再竖磨，使其阴槽深刻而光

亮；龙目是长梭形(亦有加双眼皮者)，磨工与人物的眼睛磨工相同。红山晚期与后红山文化期的眼凸周围深加陡直的沟线，或用减地的方法刻琢眼睛(这种减地塑造眼目的技法，显然比高于玉表面的凸目省工省料)。

　　涡纹

　　红山玉器只有勾云纹形器上运用涡纹，但与其它文化的涡纹不尽相同，红山玉器上的旋涡是由两凸(窄)夹一凹(宽)的棱凸与凹洼相结合构成的涡纹图像。

　　网纹

　　现在发现的网纹，仅用于勾龙的额上或下颌处。

　　圈纹

　　多用于眼凸边缘周围，或用于减地平凸目的边缘。圈纹，在红山晚期或后红山期运用较多。

　　红山文化玉器的纹饰，与玉器造型有机统一，融为一体，很少是"单摆浮搁"的辅加的修饰，几乎没有可多可少、可有可无的辅助纹饰。

18. 玉蜻蜓
红山文化
长 4.7cm 宽 2.5cm 高 3cm
18. Jade Dragonfly
Hongshan Culture
Length 4.7cm Width 2.5cm Height 3cm

　　此蜻蜓青玉。为彩沁：淡黄、桔黄、黄褐、红褐、青灰、黑等色；玉表有沁坑、沁洞；玉内呈云雾状、花簇状与毛纹状。此器头宽尾窄，前低后翘，背平腹凸；宽头两个侧面，圆凸为目，但凸目之后有腮棱，凸目并不是腮上的简单凸起，而是腮与目颇似涡纹或卧蚕纹的凸起（这就具备另一种意图了）。宽头之后渐窄，尾部翘起，上端平齐。尾下近腹部钻对穿孔，其喇叭状并非一次穿就，而是二次将孔口

加阔，此种穿工亦含有它种用意；腹部近尾处磨（三条凹槽）两条横纹凸棱，此为蜻蜓多节腹肚的简约概括。此器如果倒置过来，尾上头下，则成为另一种神秘动物的形象：尾前端则是窄尖的兽鼻，尾后端则是兽嘴；穿孔则是有层次感的兽目，此目之穿何以要二次加阔孔缘，这就是其用意；它与图12玉弯勾形器的穿孔方式相同——这种穿法，应是动物之目的一种表达工法；目之上——背颈上的棱凸，恰是前伸下弓的兽颈；后端（蜻蜓的前端），腮棱上的凸目何以要磨为涡凸状，此处用意十分明了——后端的两侧恰似青蛙蜷缩的一对后肢。可见，此蜻蜓亦是一只怪异的蛙身神兽。此器应是一件红山文化奇品。

红山文化玉器磨痕的沁迹

红山文化玉器产生的年代距今8,000～4,800年之间，当时的生产技术水平较低，粗糙的刮削与打磨工具在玉表上留下的痕迹亦较粗糙。玉品一旦接触泥沙或尸骨或其它金石之类的物质，其玉表甚至玉表之内将会发生很大变化。一般的玉表上的磨痕都将被腐蚀，除蚀坑蚀孔之外，人工的痕迹都将被蚀去而看不出再有刀磨的痕迹；但磨痕较深的纹理会断断续续地显露，似短线头断断续续衔接的磨痕，经沁蚀，或扩展为圆点、圆坑，或成为短线头形的坑沟。亦有的红山玉器受沁较轻，玉质仍鲜艳瑰丽，玉表基本完美无缺。但刀磨痕部分或多或少亦会被沁蚀，亦会使较长的一

缕一缕的沙磨痕线或蚀平或蚀断，亦会有局部的线痕沙磨痕被蚀为汗毛孔似的圆形或线头条形的坑簇。这均为玉表受沁较轻的特征；较重的会出现深坑、深洞，或融化后出现棱脉和凹槽，一切磨痕或全部不复存在，或局部存在，或较多存在，这将决定于玉品受沁的程度与玉质的硬度。当代造假红山玉件者，模仿这一特征，运用小型磨床(用布磨擦)将布满人为的凿坑的玉表磨得十分光润细腻，似乎很像传世古玉。然而，这种仿品一无包浆，二无遍身沁痕，三无红山的刮磨工的痕迹；人造坑内坑底即使染上色，亦无法伪造天然沁的迹象，因而假货仍可一目了然。

19A．玉蛾

红山文化

高5.8cm　宽3.5cm　厚1.4cm

19A. Jade Moth

Hongshan Culture

Height 5.8cm　Width 3.5cm

Thickness 1.4cm

此蛾白玉。为五色沁：甘黄、黄褐、红褐、灰白、灰黑等色；上部的瑕裂已沁蚀为蜿蜒的沟槽，槽内满浆而弥合(这种沁蚀状态，亦是判断远古玉真伪的根据或标志之一）；左侧的甘黄色，随着不断把玩，而不断加深与扩大，可见，古玉的活性与变性之奇妙。此蛾上部分为蛾之主体：圆凸双目，中间的竖棱为蛾的管状喙，以下的横棱，为蛾腹之皱褶，两侧为翼。下部分的凸圆为倒置的锅底状，其为蛾之肚腹，圆凸上的)(形棱，以示即将排卵而鼓胀的便便大腹。背面：双翼之间，有 对斜穿孔；肚腹的下端有尖凸的棱，此尖棱明示为蛾排卵处的肛凸。此玉蛾造型新颖，特征突出，工法精致，所有阴线槽均为红山文化玉器普遍运用的横磨工。这是一件罕见精品。

红山文化玉器磨工的特征
——"三不""一横"

红山文化玉器，以磨工为主，很少见运用砣工。

红山文化玉器表面磨制的特征，有以下三个方面：

其一，平面不平。

红山文化期的剖割、磨制玉器的技术尚不先进与完备，平面(红山文化玉器极少有板平的平面)玉器，如镢头、脸谱佩的背面等器物的平面，(在放大镜下)仔细观察，均不平。用指肚抚摸，可以感到平面上有浅显的凸起或凹陷，凸处也并非均匀的凸面，凸面上亦有若干微小平面相交接的微棱。

圆形玉佩的边棱，如璧、环、玦，如马蹄形器的平口截面，如果视线与边棱近于平行观察，可以发现，圆形器边缘的切割面，并不在一个水平面上。

其二，直线不直。

红山玉器上的线条大多是阳纹线棱，细浅阴线运用较少。凡是应该磨直的阳纹棱、阴线槽或阴线，都不甚直；阳纹棱的棱脊并不在一条直线上。因为，在磨制线棱之前，先在玉面上划出直线，然后在直线的痕印的两侧刮磨，刮磨的线条，不可能笔直；刮磨具仅是较玉料稍硬的石类，不可能十分锐利与精致；加之，手工操作，在坚硬的玉石表面上磨出十分精致十分笔直的线条，是绝对不可能的。

许多扁平状玉器的边棱(方璧的边棱、斧铲的边棱)，由于平面不平，应该取直的边棱，都不可能在一条笔直的直棱上。

其三，圆处不圆。

红山玉器圆柱状、浑圆状器物较多。如：勾龙、猪龙、禽兽人物等，需磨得浑圆的部位，都不是像蛋壳的面那样浑圆。圆面，是由许许多多交叠的小平面构成，随处可以感到由若干小平面交叠形成的微棱或微凸。

以上红山玉器表面的三个特征，可简称为"三不"。

一件貌似红山文化的玉器，玉表面如果不具备这些特征，就可以断定，这件玉器如果不是红山玉器的赝品，便是红山文化期以外的玉器。器形、纹饰、沁色，都可以模仿，惟独古人运用远古的工艺磨制的玉表上的特征，是当代人无法仿效的。

人们常说，红山文化玉器都是磨工，这种说法，虽然不能绝对化，但是红山玉器的确以磨工为主。玉

20.　玉虾形坠

红山文化

长6.2cm　宽2.1cm　高1.5cm

20. Shrimp Shaped Jade Pendant

Hongshan Culture

Length 6.2cm　Width 2.1cm　Height 1.5cm

　　此佩碧玉，沁有红褐、黄褐、灰黑、灰白色，红褐色为团簇状，灰白、黄白色为云雾片状，尾下部有一个较大较深的沁洞。虾造型逼真：嘴尖角形，前伸上翘；两侧双须贴嘴向前平伸，其粗壮十分夸

张，嘴根部之上，一双亮目凸鼓而圆大；之后为颈棱，颈棱与三个体棱之间为较深的凹槽，凹槽横截面为✓字形，前坡陡而窄，后坡缓而宽，头部与身躯以此明显区别开来，而且形象更为真实；身躯之棱，棱前坡宽缓，棱后坡窄陡，虾躯之节壳相当逼真；尾端上翘，呈三角锥形，两侧为尾叉，叉尖较钝。腰腹部位内凹，虾躯向上弓隆。此虾造型准确，特征鲜明，玉质碧绿晶莹，遍体玻璃光泽，是一件难得的红山文化玉坠。

器的装饰纹线基本上都是或刮或磨制成。

红山玉器的阴线槽内的磨痕，绝大多数是"横"磨，磨的纹痕是与阴线槽的方向垂直的；磨痕很少与阴线槽平行。红山玉器阴线槽的磨制，首先是纵磨，因为纵向磨，磨具的刃较窄，沟槽底部显得陡而窄；为了使沟底部宽阔而平缓，于是又进行第二次加工——即是用磨具进行横磨，沟底不但开阔（截面呈凵形），而且显得十会规整而细腻，而且棱的凸面浑圆。这就有效地突出了凸棱，不但手感圆润，由于凹凸对比，光色也亮丽壮观。红山玉器上的棱与棱之间的阴线槽内、五官部位的阴线槽内、翅羽脚爪颈尾

足窝的凹处等部位，大多都留有纵磨（竖磨）后横磨的磨痕。

红山玉器的阴线不像其它文化玉器上的阴线只是单纯的阴线，而是突出凸棱的重要手段，或者说是磨制凸棱的一个必备的环节与组成部分。单纯的阴线运用较少。

许多精致的红山玉器，阴线槽内往往是竖（纵）磨与横磨结合并用。从磨痕观察，磨制方向是有规律的：或先竖磨，后横磨；或先横磨，后竖磨。孰先孰后，从纵阴线槽的两端与沟槽内两侧的坡壁上端的边沿上便可辨别出纤毫般的磨痕。横磨，往往在玉器的主要部位运用，如面部、胸部、腹背部、尾部的棱凸之间；竖磨，往往在玉器

的次要部位运用，如颈窝、腋窝、趾爪之间。

总之，红山玉器上普遍运用的横磨工，我们简称为"一横"。其作用在于，突出两条阴线槽之间的凸棱，沟槽的深凹与棱凸的隆起，使其高低明暗对比鲜明，因而极强烈地突现了玉品的光感与特色。

至于为数不少的红山玉品何以全部运用竖磨工，这可能是由于砣具的发明或磨具的改进，增进了砣磨的深度与宽度，同样可以取得横磨工的效果。而且，可以省工，提高玉品生产的速度，以适应社会需求量的不断增加。大量运用竖磨工，可能在红山晚期或后红山文化期。

21．玉龟

红山文化

长6.8cm　宽5.4cm　高3.1cm

21．Jade Tortoise

Hongshan Culture

Length 6.8cm Width 5.4cm Height 3.1cm

　　此龟青玉。沁有锈黄、黄褐、紫褐、黄白诸色；玉表有沁洞、沁坑、沁疤；诸色从玉表诸沁蚀之处渗入玉理之内，沁蚀较轻之处，仍有原青玉本色。在普遍受沁之玉表中，仍保留有原玉质本色之处，玩赏者可从此处窥探其玉质，此处，民间称之为"开窗"。此龟，与我国出土与民间一般流传的龟形有较大区别：龟首圆硕而高隆，龟面呈桃形，凸面下部阴线槽为龟紧闭之口，圆凸硕大的双目在凸面之上，从鼻端至脖颈孔之前为隆起之棱；龟背高隆，两侧呈九十度斜坡，前足为扇形圆鳍状，爪为圆弧尖状，未分指爪，后足贴龟背，呈靴状；尾端为钝锥状；龟背孔之后沿龟之前躯之间，琢出短小的龟之腿足的棱，以示龟背上趴伏一只幼龟，大龟颈后的斜穿大孔，同时是小龟缩进其首的龟壳，小龟身背后部位磨出两条棱，以示小龟龟壳与龟尾之状（当然亦示大龟龟壳与壳尾之状）；龟腹四肢斜坡内凹，腹部宽而内凹，腹部的斜对穿孔在腹的后部。此龟之状似乎老态龙钟，负重途远，背负子孙，专心奔赴大海之波。

红山玉器之沁与彩沁

如果认为，红山文化玉器受沁后，一定要有较多较大的沁孔或沁坑，一定要有包(宝)浆，一定要有白色碱(嘎巴)醭，一定钙化或变为鸡骨白，一定要像资料中的玲珑剔透的品相……当然，一件红山玉器的真品，必应具备其中的某一点或某两点的特征，但是真品的全部特征都集中到一件玉品上，是不可能的。红山文化玉品有各种玉质：绿玉、黄玉、白玉、青玉、碧玉等。不同颜色的玉所含的矿物成份是不同的，不同的化学成分经过氧化、酸碱盐沁蚀之后，反应变化是不同的，玉表上的软硬变化、颜色变化也不尽相同。铁锈沁为红色，铬沁为黄色，金沁为黑色，水沁为白雾状，钾锰沁为玫瑰红色，铜沁为绿色。即使同种玉质同种玉色，在不同土质、不同温度、不同湿度、不同物质的环境中，受沁的表现形式

与颜色，也不尽相同。况且，玉品磨制的细腻程度亦不尽相同，制后流传、使用佩戴的时间与频率亦不尽相同，受沁后的状态与气色如何能相同呢？况且，红山文化区域十分广阔：大兴安岭西南端内蒙古的巴林左旗，辽河水系的内蒙古赤峰、敖汉、翁牛特旗，辽宁的凌海、喀喇沁左旗、锦西、阜新，大连地区，丹东地区，吉林农安等地以及长城南北、河北北部广大区域中有沙土，有黄土，有黑土，还有酸性土、盐碱土。山地、丘陵、平原，地形复杂，土质成分复杂，干湿度不同，温差也很大。沉埋在地下几千年以上的玉品，如何能不千变万化、千差万别呢？因此，收藏红山文化玉品，需开阔眼界，积累鉴别红山玉品的经验，以防止红山真品失之交臂而惋惜。

玉品资料中，红山文化玉器五

22．玉龟形玦

红山文化

高 3.9cm　宽 3.5cm　厚 1.2cm

22. Tortoise Shaped Jade Jue

Hongshan Culture

Height 3.9cm　Width 3.5cm　Thickness 1.2cm

　　此坠青玉。沁为烟灰色，玉理之内有雾冻状灰白色与流脉状烟灰色沁，玉表有玻璃光泽，有微小平浅之沁坑。此坠造型既有红山玉器龙玦的一般特征，又有细节微妙出奇之特点：龟首圆尖而下勾，颇似鸟首，尾圆而上勾，又似鸟尾，又似夸张的龟尾。双目圆硕，充满生气。龟背之壳，沿身处由一条深阴线槽与壳外侧一条浅隐阴线槽突出表现龟壳之边棱。阴线槽与圆目之边缘均运用横磨工法加磨，因而使槽面平缓，凹凸过渡自然和谐、浑圆。这亦是红山文化玉器工法的特征之一。

彩沁的玉品，极为少见，可以说寥寥无几。原因有以下四点：

1.因其特古，五千年以上的沁蚀，玉表钙化较多，腐蚀较重，玉面或包浮浆，或覆盖杂质，或粗糙不平，或干涩死枯……难于呈现色彩。

2.玉器的用料，红山人多用岫岩绿玉，绿玉受沁多呈现为甘黄色，或锈红色，或土褐色，或灰黑色……绿玉受沁一般很难出现五色彩沁。红山人制玉也多用青白玉，青白玉或白玉受沁后，只要受沁时间与环境条件具备，最有可能出现五色沁或更多色沁。那么，红山文化的青白玉玉品中五色沁为什么仍不多见呢？这就是由于以下的原因了。

3.人们有一个误区，往往粗心地认为五颜六色的玉器，色彩那么艳丽，华美斑斓，如果不是人为的色彩，便是天然五彩玉的赝品。先入之见使人们将一枚奇绝之品未曾

入手辨识把玩，便弃之不屑一顾了。

4.红山玉器赝品铺天盖地，玩家几乎没有不上过赝品的当的，见到红山五彩玉品，大多都出于过分的谨慎，红山真品怎么会这幅样子？这是由于人们尚不知五彩沁出现的原因。这就是以下的一个原因。

5.人们得到一块红山真品，无不视如珍宝，早已锦裹匣锁深藏起来。其不知，古玉如果不加盘玩，很难引发玉品内部机理的变化，其美艳之色也就很难逐渐显露出来。一件其貌不扬的红山玉品，在把玩之后，可能出现彩色奇观，其变化奥妙无穷，十分惊人，大大出人意料之外。红山玉品的五彩沁多是把玩出来的，并非经几千年土沁自然出现，或很少自然出现。

红山玉器呈现多彩沁的玉品，多是白玉、青白玉，在遇到或把玩的时候，应注意其玉质可能产生的变化，而谨慎把玩。

23.　玉蜥蜴
红山文化
长 8.1cm　宽 3.5cm　高 1.6cm
23. Jade Lizard
Hongshan Culture
Length 8.1cm Width 3.5cm Height 1.6cm

　　此器碧绿色玉。沁有灰白色、黄褐色
与灰黄色，沁色沿玉瑕与沁坑沁疤渗人
玉理，玉表有沁疤沁沟沁坑。此蜥脊隆腹
平，身躯较直，头与尾尖略向右倾，腹肥
圆；双足贴腹前伸，爪向外展；从鼻梁
至背至尾端上部，脊棱隆起，脊棱两侧横
磨阴槽，以使脊棱凸出；双目横磨阴槽，
前后呈椭圆形，口的阴线槽较窄；腹部的
横棱，由于蚀疤蚀坑较深，已经模糊。颈
下有一对斜穿孔，左孔偏下，右孔偏上。
此蜥工法可归纳三个显著特征：①棱凸
断面呈弓弧⌒形，②凹槽横截面呈凹弧
⌣形，③斜穿对孔，一个偏上，一个偏下。

红山文化玉器方璧的用途

三孔梯形方璧(中间一大孔,近上部边缘中间两小孔),流传较多。梯形的上下底部均有棱刃,梯形的两边部分亦有棱刃,只是钝些。较厚的方璧,璧面中间微微隆起,向四侧边棱处渐渐低薄。这种方璧除了佩饰而外,可能用于刮削动物的皮毛骨肉,以便于做食,便于就餐。另一种较薄的方璧,边棱薄如利刃,玉质较硬,多为青玉,可能用于切割皮肉,有手术刀之作用。

此形方璧流传之多,说明是生活中普遍使用的器具。在新石器时代,此类用途是可想而知的。

较厚的方璧可能用于另外亦较为重要的用途,即刮沙祛病。北方严寒,气温变化大,风寒随时可能侵入肌肤,这是不言而喻的。为了祛寒去痰,运用玉石片(或骨片,骨亦有耐久性),在所难免。

在我国诸多新石器时代的玉品中,惟独红山文化有这种独具特征的方璧,而且为数颇多。何以要有

边棱,而且薄如利刃?何以要制造流传这么多?这不能不引起人们的思索。

《黄帝内经·金匮真言论》:"冬病在阴,夏病在阳,春病在阴,秋病在阳,皆视其所在,为施针石也。"《山海经》:"高氏之山,有石如玉,可以为针。"可见,远古人是用玉石治病的。《黄帝内经·灵枢经·九针十二原第一》黄帝曰:"余欲……无用砭石,欲以微针通其经脉。"砭石,即为石片或粗糙石具,用这种石具治病,肯定会给百姓带来痛苦;黄帝体恤怜悯百姓,在与臣子歧伯的对话时,就提出以"微针"替代"砭石"。微针,实际上亦是石器,不过仅是磨制较为精致尖细的石针而已。《素问·异法方宜论》:"其病皆为痈疡,其治宜砭石。"此意即是,排除脓疮,就用砭石砭割之。用石片割去脓疮,那种钝割撕拉而造成的痛苦,是可想而知的。而后,运用尖针(石针)点刺脉

络而治病,这在远古时代,肯定是医疗史上十分了不起的一次革命。红山文化玉器中较薄的方璧,则应是砭割脓疮的手术刀——石刀。我收藏了几枚红山文化方璧。璧面均十分光润,边棱圆腻,大孔边缘亦十分滑腻,小孔也有挂系的磨痕,显然是经常使用之物。此璧放在手中把玩,感到:大孔便于食指与拇指捏合用力操作刮拉;上部两个小孔系上绳,在食指上套牢,更利于捏牢玉片进行刮沙或切割之操作。

红山文化玉器,有祈祷膜拜之物,有佩戴饰美之物,更多的是生活生产之中的用具。三孔方形器(方璧,或外方内圆形器),应是集精美饰物、餐具、医疗器于一体的宝贵之物。在那个远古时代,能给人除去痛苦、带来轻松愉悦与美好食欲的玉器,古人定是随身携带用心珍藏爱惜的!

24．玉鸮

红山文化

高6.3cm　宽10cm　厚1cm

24. Jade Owl

Hongshan Culture

Height 6.3cm　Width 10cm　Thickness 1cm

　　此鸮青白玉。玉表轻度钙化，呈土黄色与青灰色；玉表黏着土质与盐碱物，浆点浆块为红褐色，沁坑沁疤沁沟内沁质较厚。身形为M状，头向上圆凸。圆形目轮圆阔，双目微凸；喙上宽下尖，粗短尖壮，内勾贴胸。胸腹为梯形，宽阔，凸挺，未饰足爪。一排尾羽，齐整而宽展，牙齿状，羽中磨凹槽。双翼上凸外展，棱凸上加磨阴线，棱凸间的凹槽较宽。此鸮头圆尾方，胸厚翼薄，有凸有凹，棱线结合，充分展示了古人琢玉的艺术才思。其鸮张目耸肩、勾喙挺腹、展尾俯瞰之姿，待机俯冲之势，真是妙绝。鸮背面板平，颈部有一对斜穿孔，有片状浮浆剥落（浆沁在玉表的附着物或沁质上，干燥后将剥落）。此鸮可给人三点启示：①玩古玉不应只是玩玉质，更应注重玩文化，玩艺术，此鸮之艺术水平何只在玉质表面上？②古玉的光泽、色彩在未呈现之前，绝不能因其"干涩"、"灰黯"而草率定为赝品，此鸮为生坑，未加把玩，岂能光滑润泽？③获此鸮之后，十来年一直珍藏，未敢把玩，亦未加水沁，如果入水，其表面的沁质与附着物将脱落。

红山玉器人面鸮

人面鸟、人面鸮，是远古时代运用神话传说而塑造的艺术形象，记录远古时代(新石器时代)人物与事件的方式之一。

在最广泛博杂记录远古神话故事的《山海经》中，竟有十余处描述不同名称不同地域的人面鸟或人面鸮。有见则不畏雷的橐𧈫，有见则大旱的人面鸮，有如鸟人面、宵飞昼伏、食之治病的鹜𪃑，有人面鸟喙双翼的讙兜(讙头)，有人面鸟身、珥两青蛇、践两青蛇的禺疆(禺京)，有鸟身人面乘两龙的句芒，有人面鸟身、珥两黄蛇、践两黄蛇的神——禺䝞，有人面鸟身珥两青蛇、践两赤蛇的神——弇兹，有人面有发的五色鸟……

这些形象的共同特征为：人面，鸟喙，有翼。不同之处，有的为鸟，或凶或吉或治病；有的为人为神，各主一方，各尽其能，各有所属。句芒，居东方，少皞氏之裔子，死后为木神；讙兜，鲧妻士敬子炎融生，居大荒之中，为讙兜国；禺疆，为北方之神，亦为北海之神；禺䝞，处东海渚中，为东海之神。禺疆、禺䝞，既是海神，又是风神。

红山文化玉器之中玉鹰鸮数量极多，形象极为丰富多样。显然，鹰鸮是一个世系支脉庞大的氏族，鹰鸮的各种形象都是这个氏族大同小异的图腾。《图说中国图腾》(王大有、王双有)认为，鹰鸮氏族，也是黄帝的裔族。《山海经》中的神话，足以证明鹰鸮是黄帝的裔族。

《大荒东经》记载，黄帝生禺䝞，禺䝞生禺京(禺疆)，禺京处北海，禺䝞处东海，是为海神。黄帝的裔族中有一支以猪豕为图腾，黄帝妻雷祖生昌意，昌意生韩流，韩流即猪豕形象，其图腾为豕。韩流娶淖子阿女，生颛顼。颛顼与禺䝞是以鹰鸮为图腾的另一支族系。《国语·晋语》，黄帝生禺䝞，禺䝞生禺京。禺䝞，䝞为鸮、鹗，其图腾为鹰鸮；《大荒北经》的儋耳之国，任姓，为禺䝞之子，曰禺疆。《大荒北经》中的苗民(三苗、三毛)，为驩头所生，驩头(兜)为颛顼所生之子；颛顼之孙女修吞玄鸟之卵，生大业，舜赐姚姓玉女于大费，大费佐舜驯鸟兽，为伯益，赐姓为赢民(赢民鸟足)，大费生大廉、若木，大廉玄孙曰孟戏、仲衍，鸟身人面(秦本纪)。从《山海经》与史书记载可知，黄帝重孙颛顼这一支族系，图腾亦为鹰鸮。禺疆、儋耳国、苗民，均居北方。颛顼为北方大帝，葬于北方的附禺之山。

北方以鹰鸮为图腾的氏族，应是生活在红山文化发祥地的广大北方地区。人面鸮，应象征鸮氏族的祖先，应是北方祖先鸮氏族崇拜与神化的形象。

25．玉鸮

红山文化

高 6.6cm 宽 6.7cm 厚 1.7cm

25. Jade Owl

Hongshan Culture

Height 6.6cm Width 6.7cm Thickness 1.7cm

此鸮黄玉。沁有锈黄斑、云雾状团簇、雪片状黑花；玉表有沁坑沁疤沁瑕。鸮身近似倒梯形。鸮首顶部圆凸于翘肩之上，一双凸目，颇似猫眼，边缘琢圈纹槽，圈槽之外为棱，棱下为平缓低坡；鸮面宽，鸮喙钝，高凸于胸面之上；胸部隆起，胸下部倒人字形阴线槽为足爪；双翼向两侧边缘逐渐低斜，两侧近边缘处磨对称棱，以示翅羽；尾两侧宽，上下窄，弧面未加琢棱槽。鸮背微隆，头后有一对斜穿，双翼隆起，亦为弧面。此鸮翘翅，作滑翔之势，一种闲适寻猎之态。此鸮纹饰上的痕迹说明，为横磨工与竖磨工结合运用。

红山玉器鹰鸮为何多

玩家们在把玩红山文化玉品中，都会有一种发现：红山文化玉器中，没有任何玉器会比玉鹰鸮与玉龙更多。玩赏远古玉缺少经验的人，会产生一种迷惑：四五千年以前的玉品怎么能有这么多真品？恐怕都是仿红山玉品吧？红山玉器的赝品固然很多，但真品绝不能因为赝品仿制品浩如烟海而被淹没，而消逝无踪。红山文化玉鹰鸮真品，在民间流传颇多，造型各种各式，五花八门，大者近尺，小者如指甲般大小。展翅，平展翅，斜展翅，敛翅，敛尾，姿态繁多；鹰面、鸮面、人面，不一而足；还有鹰鸮与人、与兽、与鱼、与虫的复合体玉雕。

在远古(太古新石器时代)，鹰鸟普遍被尊崇为神。《山海经》中有多处记载。

《南山经》，有鸟焉，其状如枭，人面四目而有耳，其名曰颙，其鸣号也，见则天下大旱。

《西山经》，有鸟焉，其状如枭，人面而一足，曰橐𩇯，冬见夏蛰，服之不畏雷。

《西山经》，有鸟焉，一首而三身，其状如鶡，其名曰鸱。

《西山经》，有鸟焉，其状如鸮而人面，蜼身犬尾，其名自号也，见则其邑大旱。

《中山经》，多䳋鸟，其状如枭而三目，有耳，其音如录，食之已垫。

《中山经》，有鸟焉，状如鸮而赤身白首，其名曰窃脂，可以御火。

《中山经》，有鸟焉，其状如鸮，而一足彘尾，其名曰跂踵，见则其国大疫。

《海外西经》，鴍鸟人面，居山上。

《海外北经》，北方禺彊，人面鸟身，珥两青蛇，践两青蛇。

《海外东经》，东方句芒，鸟身人面，乘两龙。

《大荒东经》，东海之渚中，有神，人面鸟身。珥两黄蛇，践两黄蛇，名曰禺虢。黄帝生禺虢，禺虢生禺京，禺京处北海，禺虢处东海，是为海神。

《大荒西经》，有神人面鸟身，珥两青蛇，践两青蛇，名曰弇兹。

《大荒北经》，有儋耳之国，任姓，禺号子，食谷。北海之渚中，有神，人面鸟身，珥两青蛇，践两赤蛇，名曰禺彊。

《山海经》中此十余处鹰鸟，一与鹰鸮猛禽相关，二为人面鸟身者，均为远古之神，三其鹰鸮之神，华夏大地东西南北诸地诸山诸海均有。而经中所记之鸟神、鸟国比比皆是。各有其吉祥祸福、水火兵旱、饥渴劳逸等不同的作用。如鵸、蛮蛮、酸与、精卫、比翼鸟、羽民国、讙兜国、离朱、三足乌、三青鸟(少鵹、大鵹、青鸟)、五色鸟(青鸾、黄鷔、青鸟、黄鸟)、九凤、五彩鸟(孔雀、鸾鸟、凤凰)等等，多达40余处(种)。鹰、枭、鸠、鸷等猛禽，是远古先民最为崇拜的神，因而，神而为人面，神而乘龙。

《山海经·大荒东经》："东海之外大壑，少昊之国。少昊孺帝颛顼于此。"少昊在东海建国为鸟国。《左传》昭公十七年，郯子对昭公之言云："我高祖少皞(昊)挚(鸷)之立也，凤鸟适至，故纪于鸟，为鸟师而鸟名。凤鸟氏，历正也；玄鸟氏，司分者也；伯赵(劳)氏，司至者也；青鸟氏，司启者也；丹鸟氏，司闭者也；祝鸠氏，司徒也；鴡鸠氏，司马也；鳲鸠氏，司空也；爽鸠氏，司

26．玉鸮

红山文化

高 3.3cm   宽 4cm   厚 2.5cm

26. Jade Owl

Hongshan Culture

Height 3.3cm Width 4cm Thickness 2.5cm

此鸮碧土。有黑色金属沁与灰白色云雾状沁，沁较重处有疤坑。此鸮为圆雕，头上宽下窄，双耳扁尖，双目圆凸，似蝙蝠状；双翅向两侧斜上方展开，似瞬间停顿在空中之状，上侧边缘有微棱；双腿宽，双爪抱拢，似获猎物状；尾上翘，亦是在空间瞬息停飞之状。背宽而圆隆，双翅背面亦圆隆，耳后下部有双穿。此鸮之状，确是捕获猎物时瞬间的动姿，能够捕捉短暂瞬间动中取静的艺术形象，该具有多么敏锐的洞察力与高超的表现力！此器所有阴纹线槽，以及腋窝处，均留有横磨痕迹(横磨工法，是红山文化期运用时间最长、运用范围最广、最基本、最普遍的琢玉工法)。此鸮的圆雕造型，其艺术功力、艺术水平与艺术价值，要超过一般扁平状的玉鸮。

寇也；鹘鸠氏，司事也。五鸠，鸠民者也。五雉为五工正，利器用，正度量，夷民者也。九扈为九农正，扈民无淫者也。""少皞挚之立"，即是少昊挚(名)立鸟国。此神话纪录了以鸟命官司政的历史，其鸟国是存在过的。郝懿行注释认为，少昊是颛顼(黄帝重孙)的世父，颛顼是少昊的犹子。《大荒北经》中之东北海之外、大荒之中，颛顼与九嫔葬于附禺之山，此地有颛顼所浴所居之竹林、泽水、封渊与沈渊。可以推知，颛顼帝兼融有少昊之东夷鸟国文化与轩辕黄帝族之中土及北方文化，迁徙北方。黄帝之子禺虢，禺虢之子禺京与儋耳，以及禺疆，均是黄帝之裔族，均为人面鸟身之神，禺疆是北方之神。

王大有、王双有《图说中国图腾》引《五帝本记》，玄嚣青阳，即为少昊，玄嚣即玄鸮，鸷鸟是少昊的王族图腾，为鹰人合一。以下有七个鸷鸟的子族：青鸷、伯赵(劳)、五鸠。颛顼，与少昊有世父犹子关系，迁徙北方之后，其鸷鸟之子族亦不能不随之北迁。

从史书及远古神话可知，我国北方在远古时代，已有庞大的鹰鸮

氏族统治天下。其图腾就是鹰鸮或人面鸟身神。东海少昊之国及其子族之国，均使四鸟：虎、豹、熊、罴。《大荒东经》中蒍(妫)国、中容之国、白民之国、黑齿之国、玄股，均使四鸟。四鸟应是鹰鸷族中的四支强大氏族。《大荒北经》中的颛顼裔族的歜国、北齐之国、毛民之国，亦均使四鸟。可见北方鹰鸮王族与子族之昌盛。作为图腾的鹰鸮，在王族或子族首领之居地、祭坛、议厅，以及佩饰中，不能没有大大小小、各式各样的鹰鸮，乃至王族子族之家室、官员有影响有地位的族人，甚至族民，亦不能没有以区别他族鹰鸮之族徽——图腾。这种族徽应是地位、财富、荣誉、身分等特殊徽标。在生产力不断提高、制玉水平不断提高的前提下，作为财产的交换物，一般族人或家庭应享有一枚或几枚族徽，亦是可能的。

由于我国北方红山文化区鹰鸮氏族的庞大强盛，生产先进，制玉水平高超，所以其族徽——图腾玉鹰鸮，在距今5 000～8 000年的三千年时间内，鹰鸮族的族徽——图腾玉鹰鸮，其数量之巨，其造型之丰富，是可想而知的。

27．玉鸮
红山文化
高4.7cm　宽3.8cm　厚1.2cm
27. Jade Owl
Hongshan Culture
Height 4.7cm　Width 3.8cm　Thickness 1.2cm

　　此鸮黄玉，黄绿色。有点簇状云雾片状的白色沁与微黄色沁。红山玉器中鹰鸮比较多，尽管造型变化多样，但似此瓦片状的玉鸮，尚未曾出现过。此玉鸮正面为瓦脊状。上部的中间部位为鸮首，双凸目似红山玉勾龙之目，但较短；双目之间的下部，三角形棱凸为鸮喙，喙端至"瓦棱"上部的两角之间磨棱，为鸮喙与宽阔的喙面。此部分的阴线槽与其它横阴线槽，以竖磨工为主。瓦凸面的两侧，运用横磨工法，各磨出两条上下垂直的阴线凹槽，此为鸮之下垂的翼羽。瓦凸中部唇状的棱凸，中间磨一竖阴线槽，两侧为双腿爪。双腿爪之下，中间磨一条竖棱，此棱至两侧的竖棱，则为较宽的下垂鸮尾。鸮的一肩穿孔，以佩系。此鸮，充分利用瓦状的形制，把一只亦窥亦眠、待机而动的鸮的形象十分概括十分简约十分精巧地塑造出来。此鸮可见红山古人的艺术才能与水平，以及艺术创造的灵活性与多样性。

红山玉猪龙的形象何其多

红山文化玉器中，猪的形象不在少数。兽胎形玉猪龙玦，其首为大目獠牙的公猪形象；勾形玉龙之嘴唇，前凸、上翘，为猪嘴形状；圆雕直立形玉猪龙，嘴上翘，猪首较为典型；两端为猪首的棒形玉器，两端为猪首中间有三孔的玉器，均以猪为玉器的修饰形象。

红山文化玉器中，何以把猪神化为龙？或者神化的龙首何以要冠以猪的形象？

猪的形象，在新石器时代可不只是温饱美食的象征。

据《山海经》记载，猪多处被异化、神化。有的是灾凶的信号或警报：猾裹(音怀)，如人，猪鬣，穴居，冬蛰，见则县大乱；闻獜，如彘，黄身，白头，白尾，见则天下大风。有的怯疾宜智：蠪蚳，如彘，有角，食之不迷；有的象征吉祥福祉：当康，如豚，有牙，见则天下大穰(风调雨顺，五谷丰登)。总之，

猪，就是神：北次三经四十六山之中，有十四神皆彘身而载玉，有十神彘身，八足，蛇尾，都用玉品祭祀；中次十一山经，四十八山其神皆彘身，人首，祈祷祭祀其神，均用雄鸡与玉圭。

《海外西经》中的并封，已成为猪的王国，形象为：如彘，前后皆有首，黑色。其形象，在红山文化玉器中有所呈现。《海内经》的司彘之国，就是猪豚之国，其元首叫韩流；韩流是黄帝之孙，关于其形象之文字，是《山海经》中关于猪神形象最为详尽、生动、颇有研究价值的：擢首，谨耳，人面，豕喙，麟身，渠股，豚止(趾)，娶淖子曰阿女，生颛顼。韩流，是典型的猪形象、猪龙形象、猪神形象，与红山文化玉猪龙与玉人蹲跽的形象有玄之妙之的相近之处。

猪(豕、豚、彘)，是并封、封豕、司彘之国及族民的形象；被异化、

龙化、神化的猪，则是猪国富于传奇色彩的祖先的形象，这个被神化崇拜的形象，就成为该国该族落的图腾。

红山文化玉器中猪龙则是红山先民的图腾(《图说中国图腾》)。玉猪龙的形象就是韩流的形象。韩流，是黄帝之子昌意的儿子，即黄帝的孙子。韩流的豕喙(猪嘴)麟身(龙身)，就是红山文化图腾玉猪龙的形象。以韩流为祖先的族落的图腾，就是猪龙。

黄帝的图腾是天鼋蛙龟，改为"轩辕"；他的裔族昌意——韩流这一支的图腾为猪、猪龙；另一支黄帝之子孙禺號——禺疆与韩流之子颛顼为首的族系，图腾为鹰鸮。

猪图腾的族系与鸮图腾的族系，均生活在北方同一地区，即红山文化区。所以猪龙与鹰鸮在红山文化玉器中最为丰富繁多。

28． 玉鹰
红山文化
高 4cm　宽 3cm　厚 2.5cm
28. Jade Eagle
Hongshan Culture
Height 4cm　Width 3cm　Thickness 2.5cm

　　此鹰青白玉。玉表沁有一层白膜，沁蚀重处有沁坑与沁孔，局部轻度钙化。玉面的黑褐色污浊处，是出土后玉尚松软时经人盘搓所污染之垢。此鹰圆雕。头部前后长，椭圆形凸目的边缘琢磨阴线，使双目更为凸硕；短喙根部有一圈阴纹环线，为头与喙之分界，环线之前又磨出一圈环线，双环线中间的棱凸，以示喙上隆起的鼻梁，棱之前是粗短之喙；翅上部短，下部长；双足紧抱，尾前敛。其姿颇似振翅选枝栖息人巢之情势；粗短之喙，与上宽下窄之翅翼，以及内敛较长之尾，其形象又颇似鹦鹉。此器污浊之迹，提示人们，出土的生坑玉，切忌把玩。

后红山文化

据《中国古代北方民族文化史》一书的论证，后红山文化时期，是指红山文化晚期之后、东北地区青铜时代的夏家店下层文化之前的红山文化的延续与过渡的阶段。年代大约在距今4800年到3500年之间这段新石器时期，称为小河沿文化。其地域与红山文化的分布一致。文化特征是黑陶与彩陶共存，纹饰图案有红山文化特点，与红山文化关系明显密切。锦西沙锅屯遗址、内蒙古敖汉小河沿遗址、内蒙古翁牛特石棚山墓地出土大量的陶器、骨器与石器。陶器上的纹饰有堆纹、绳纹、三角纹、回纹、格纹、网纹、篦纹、锥刺纹、指甲纹、动物图像、原始文字符号等。陶器有鸟形壶、猪头与狗头雕塑等。玉器用料有燧石、玛瑙、石英、石核等。臂饰的蚌珠的制作技术精湛，孔径不足一毫米。石片制作有锋利的弧刃，磨制水平很高。

目前，后红山文化玉品尚缺乏实物或图录资料的佐证。但在红山文化玉品的收藏与把玩中，有一种十分类似红山文化的玉品，极可能是后红山文化的玉品。它不同于红山文化玉品的特征为：

1. 动物的双目。由红山文化的减地(浮雕)琢法改为压地刻法，在玉表的原有高度保留双目的凸起部分，其余部分在原玉面上压磨下去；双目的轮廓用管钻加深加圆圈，以突出双目的眼神。

2. 单阴线的运用。蝉、鹰鸮等动物，红山文化在主要部位磨出棱凸，后红山文化则运用极简单的单阴线勾勒出栩栩如生的形象，有时亦与棱凸结合运用。

3. 器型。比红山文化的原来器型有所发展变化，更为写实，更为生动。如单线闭嘴勾龙已发展为双线吐舌的勾龙，立雕玉人一面为男性，另一面将披发似小辫的发型，变为女性鼻梁，上端两个象鼻穿孔为双目，男人的臀已成为孕妇之腹，颇具想象力。

4. 民间流传的各种似红山文化的玉人与许多人兽人禽复合的器型，可能是这一时期的玉品。

5. 磨工与钻孔。红山文化的阴线多为横磨痕纹，或横磨、竖磨相结合；后红山文化已成为简便的直磨痕纹。红山文化的钻孔多为外大内小；后红山文化的钻孔，这种特征已不十分明显，内外的差距缩小，有的向直穿发展。

后红山文化玉品与红山文化玉品有明显区别，所以有的人用红山文化的特点加以比较，因而认为后红山文化玉品是当代或古代仿红山文化的赝品，将亦很珍稀的后红山文化玉品弃之于街头巷尾，少有人问津。正是这个原因，后红山文化玉品散落在民间的玉品要比红山文化玉品多。在后红山文化玉器尚未广泛被人们辨识之时，收藏家应在如云似海的各类玉品中撷取后红山文化玉品的奇葩。

29. 玉鸟形佩
红山文化
高 3.7cm 宽 3.8cm 厚 0.4cm
29. Bird Shaped Jade Ornament
Hongshan Culture
Height 3.7cm Width 3.8cm Thickness 0.4cm

　　此鸟黄玉。玉表有沁坑沁孔沁疤,均包浆,呈现晶莹亮泽的玻璃光,简直有翡翠宝石般的华美气韵。此佩为回头鸟,造型简练,薄而小巧,是一枚精致难得的片状玉佩。喙长而勾,额高而圆,背弧弯,尾分叉为剪形,似燕;但夸张而长勾的喙,可以说明它不是燕,亦不是一般的鸟,而应是经过艺术夸张与丰富想象的神鸟——凤凰。此佩从背部中间向上至眼部(穿孔)、向下至尾前部,磨有较宽的侧置的八字形凹槽,凹槽的上半部是冠与颈的分界,凹槽的下半部是身与翼的分界。此凹槽,是精心设计、高度概括与不断提炼、变异的阴线纹饰,与阳纹线棱是一高一低、一宽一窄、一反一正的饰玉工法,同样有异曲同工之妙。此佩的背脊边缘有薄刃,可能还有割削刮磨之用途。

红山文化玉器知多少

中华大地上，红山文化玉器能有多少？提出这个问题，是不是有些不着边际？

有的古玉研究者认为，现在红山文化的仿制品太多，而且真假难辨。我们只好研究出土的不足300件红山文化真品，这些玉品都是叫得响的；之外的，都不好说(其真伪)。

笔者提出红山文化玉器究竟有多少这个问题，意在引发人们深思，开阔对红山玉器研究的视野。

红山文化遗址，记录在册的有：

1.查海遗址出土玉器60余件，以生产工具玉斧、玉锛、玉凿为主，还有玉匕、玉玦。器型不大规整，有残留加工时的棱线痕迹，但制法已趋成熟，是全国考古发现中最早的玉器。

2.内蒙古敖汉兴隆洼出土的磨制石器，以斧形器为最多，除两端之外周身磨光，两端呈外凸形，磨成圆钝面。

3.沈阳新乐遗址有煤精制品，有球形、耳铛形、泡形，小巧，乌黑发亮，有使用痕迹。有赤铁矿石、石墨制品12件、研磨器1件，小玉珠孔径2毫米，工艺水平高超。

4.辽宁长海小珠山下层文化的石器多为打制的石英岩，多为生产工具：刮削器、尖状器、盘状器、网坠、石球等。小珠山的中层文化多为磨制的石斧、石锛、石刀、石磨盘和棒、柳叶形石镞，亦有打制的石镞、石矛、石凿。

5.丹东后洼遗址出土两件滑石人头雕像。

6.吉林农安左家山遗址除石器工具而外，出土1件灰白色细岩雕制的石龙。龙身首尾相衔，似璧，五官凸起，与红山文化玉猪龙有潜移默化的联系。

7.内蒙古赤峰红山后遗址以细石器(细长石片、短刮器、石镞等)、砾石石器(打制成的桂叶形器、石犁、石斧、敲砸器等)、琢磨石(小型斧锛等)"三石"为特征。

8.阜新胡头沟一座深藏石棺墓出土15件玉器，全部是精美艺术品，多为淡绿色玉，亦有白玉与绿松石。勾云形佩1件、玉龟2件、玉鸮2件、玉鸟1件、玉环1件、玉璧1件、玉珠3件、棒形玉4件。另一座墓有三联璧1件、鱼形坠2件。多为红山文化玉器中的典型玉品(这些玉器的出土，证明过去人们误认为商周的部分玉器却是红山

30．玉鸟形刀

红山文化

长6.3cm　宽3.8cm　厚1.5cm

30. Bird Shaped Jade Knife

Hongshan Culture

Length 6.3cm　Width 3.8cm　Thickness 1.5cm

　　此鸟形刀青玉。沁有青灰色、灰黑色、黄褐色、灰白色；沁色呈片簇状、枝脉状、毛网状；玉表有沁坑、沁孔。其沁色与沁状之微妙，都是造伪者可求不可及的。此鸟造型，胸圆状，翅尖叶状，尾斧状。鸟首回弯，尖喙插入背部，双目圆凸，颇具神韵，翅的边缘棱之内随其形只琢磨一条棱，其翅羽之特征，抽象的空灵与真实的模拟，活灵活现地达到完美的结合与统一，鸟尾与刀斧形亦达到巧妙的结合与统一。此器不仅是一件精美小巧的玉刀，亦是一件精湛绝伦的艺术品——佩饰。喙内侧的对穿孔为喇叭筒状；尾刀的对穿孔，喇叭筒状有些倾斜，一侧口下大，另侧口上大。这是一件艺术韵味十分浓重而强烈的玉品。

文化玉品)。

9.辽宁喀左东山嘴出土1件双龙首玉璜、1件绿松石鸮。绿松石上运用细线纹雕出鸮首、翅、尾部的羽毛，展翅翱翔状。

10.辽宁凌源三官甸子一号墓出土9件葬品：1件玉猪龙、3件锥状器，还有玉勾云纹形器1件、玉发箍(马蹄形器)1件、玉璧2件、玉环3件、玉鸟、竹节状玉饰、玉珠各1件。二号墓出土数量十分可观，有勾云纹形玉器、双猪首三孔器玉饰，造型奇特，有很高的学术价值与艺术价值。

11.丹东马家店三家子村出土40余件小型雕刻艺术品，主要是用滑石雕刻的龙、虎、猪、狗、鸡、鸟、回首鹅等。小的2厘米，大的5~6厘米。还有陶塑，形象十分生动。

12.属于后红山文化小河沿文化的内蒙古翁牛特石棚山出土精磨石器工具，玉石料多种多样，有玛瑙、石英、燧石等。有13件镶嵌细石器石刃的骨刀，骨柄有凹槽，石片镶嵌其内，用黑色胶状物粘固。有装饰品100多件，蚌珠孔径不足1毫米。

13.辽西凌源牛河梁出土18件玉器：玉箍2件、猪龙玦2件、玉环8件、玉璧3件、方形璧1件、玉棒1件、勾形玉佩1件。

以上资料至少是十几年以前的记录，近几年红山文化遗址不断有新发现。这些记录可以说明：①红山文化玉石器磨制水平已经相当高超；②相当多的玉器已具有极高的研究价值与艺术价值；③玉器品类多种多样；④每一处或每一座墓内，玉品多至十余件。

据李慕筠《试论我国北方出土的原始玉雕艺术》一文中的统计，出土记录在册的红山文化玉器，有300余件，民间收藏有百余件。董国尧《东北原始艺术论》中提到，文物工作者仅在内蒙古巴林右旗那斯台文化遗址征集或采集红山文化玉器就多达百余件。

现在有限资料提供的红山文化遗址有：

查海遗址、敖汉兴隆洼遗址、沈阳新乐遗址、丹东后洼遗址、吉林农安左家山遗址、敖汉赵宝沟遗址、赤峰红山遗址、赤峰西水泉遗址、阜新胡头沟遗址、辽宁喀左东山嘴遗址、凌源三官甸子遗址、建平牛河梁遗址、锦西沙锅屯遗址、敖汉小河沿遗址、内蒙古翁牛特石棚山遗址、辽宁长海小珠山遗址、丹东马家店遗址等20余处。《中国古代北方民族文化史》介绍，内蒙

31．　玉变形兽面饰

红山文化

高 3.8cm　宽 5cm　厚 1cm

31. Jade Transformed Beast

Face Ornament

Hongshan Culture

Height 3.8cm Width 5cm Thickness 1cm

　　此佩青玉。沁色为黄褐色，间有黑褐色条纹；玉表有微小麻坑，有玻璃光泽。造型近似椭圆，上下窄，两侧宽，上弧度小，下弧度大，像宽脸大耳的狗面；正面凸隆，背面板平；凸面上磨出两条纵向宽槽，槽内偏上钻一对穿孔，孔从前向后一面穿。双孔为目，双槽开出面目，双槽中间的拱面为鼻梁与鼻唇，槽两侧为下垂的大耳。这便是工法最为简易、线条最少（两条阴槽）、最为抽象而朦胧的兽面（或狗面）。这是最富于想象力的艺术品，下垂大耳，似犬，亦似象，似难以捉摸的怪兽。抚摩此佩，我们不能不为红山文化期古人制玉的艺术才思与艺术想象力喟叹称绝。

古翁牛特石棚山于1977年清理77座墓葬，排列密集，面积8800平方米。每座墓随葬品3～20件不等。男性多随葬石斧、石镞、骨刀，胸前佩戴项环；女性多随葬纺轮、骨针、骨锥和装饰品，上肢戴臂环，头部有蚌壳发夹，项环与臂环用不同颜色的玉石料制成。

《东北原始艺术论》中指出，辽宁石棚分布很普遍，主要集中在辽东半岛南部，大连市西岗区、金县、新金、复县、庄河、盖县、营口、清源、新宾等11个县区，有大小石棚54个。许玉林在《辽东半岛石棚之研究》中指出，包括丹东地区在内共101座，而且在吉林的通化桦甸也有石棚发现。石棚分三类：一、小石棚，高1米左右，盖石长宽2米左右；二、中石棚，高约1.30米，盖石长宽为2～3米；三、大石棚，高2米左右，盖石长宽约4～5米；最大的盖石长8.10米，宽5.60米，厚0.45米，石材做工磨制精细。

从石棚棺至墓内随葬的玉石器中，首先我们可以发现，红山文化时期（新石器时代）无论剖磨巨石，还是磨制雕琢玉石器，其技术都是相当高超的，而且具备相当高的艺术创造力。其次我们可以发现，几乎所有墓葬中均有随葬品，尤其是玉石器居多。

由此，笔者得出以下也许不大成熟的结论：红山文化玉器，在我国大地上（地表之下与地表之上），从1986年发掘的辽宁阜新查海文化遗址——距今8000年的前红山文化期，到距今5500～6200年的内蒙古赤峰红山遗址的红山文化期，延至距今4800年前后的内蒙古翁牛特石棚山遗址的小河沿文化——后红山文化期，前后共发展延续3200余年，这是中华大地上新石器时代发展时间最长、琢玉技艺发展最为完美的时代。

据现有的考古资料可知：

时间：红山文化时期从查海遗址到小河沿文化遗址所延续的时间，至少在3200年以上；

地域：红山文化时期覆盖的区域，应是河北、长城南北、辽东、辽西、吉林南部西部、大兴安岭西南部、内蒙古东部东南部，这是一个十分辽阔广大的区域；

部族：在这么辽阔的区域上，起支配领导地位的大部族能有多少支？较小的栖息在一隅一方的氏族能有多少？更小的家族能有多少？仅丹东地区就发现石棚棺101座，

32. 玉猪首
红山文化
高4cm 宽3.6cm 厚2cm
32. Jade Pig Head
Hongshan Culture
Height 4cm Width 3.6cm Thickness 2cm

　　此猪首青白玉。沁为山楂糕红、红褐、黄褐、青灰、灰黑等诸色；玉表有沁坑与坑疤；玉表之内沁有云雾状、片状纹理；红色与灰色的相接处有一条深瑕，可谓两种不同颜色入沁的分水岭。此器造型为倒置的鸭梨形，上宽下窄，顶平额凸。鼻唇凸，双目之眼球圆凸，双目斜上方磨出角形眼角(这在红山文化玉品中在圆凸的眼球之外琢磨出眼角，尚属首例)；双目之间的额凸上琢出横向隐凹，以突出眼眶的"眉棱骨"(可见红山玉器工法之细腻)；双目之下、翘唇之上的棱凸，均为人字形；下部的截面上有双坑，为鼻孔。猪首背面平展，上部有一对斜穿孔。此器的阴纹与凹槽，均为横磨工法。此器造型、工法与沁色，均罕见。

翁牛特石棚山遗址每座墓中都有3～20件不等的随葬品，无论男女，葬品中均以玉为主。

在比整个欧洲还广阔的我国北方大地上，远古先民在整个红山文化期上下繁衍生息了3000余年，即使一个很小的家族，如果繁衍几代，人口即可增加几倍或十几倍。部族不必想象得太大，就以目前考古发现的遗址大小为标准，仅是一个家族或村落或群落，远远构不成较大的族系。

我们假设这个家族，或这个村落，或这个群落，3200余年也不发展，人口势力不增不减，一脉相承也不发生变化。另外，我们假定东北红山文化期的族落就只存在过目前挖掘的20个遗址，除此20处遗址之外，东北大地上再无其他古人生存。

他们制玉琢玉的生产能力，按最低水平最慢速度来计算：每年只生产琢磨1件古玉，3200年间，一个遗址的族落就应琢3200件，20个遗址的族落即可琢制64,000件。

尽管这种形而上地推算多么机械，多么不切合实际，但是只有以如此保守得不能再保守的推算方式，也许能使何任保守的人都有可能接受这个最为保守的数字。

反过来，在我国广阔的北方，在整个红山文化期的3000余年的发展延续中，不言家族，就是较大的村落，更大些的族系，何止只有20个呢？而且，红山文化期制玉的技艺又是相当地高超，而且，佩玉葬玉又是我国北方远古人最为崇尚的行为，而且，北方制玉的各种玉石料又十分丰富。

可以想象，也可想而知，现在埋藏在地下与流传在民间的红山文化玉器，绝不是运用五位数字可计算的，尽管是绝对无法计算的。

可想而知，人们眼中何以觉得红山文化玉器之多，就因为我国的红山文化玉器应该是一个极为丰富极为繁复极为高超的古文化宝藏。

因而，我们应该对红山文化玉器"刮目相看"，在民间流传的五花八门、花样翻新的红山文化玉品中要"慧眼识珠"，去采撷红山文化之真品精品绝品。

33. 玉松鼠
红山文化
高 5.6cm 宽 1.7cm 厚 3cm

33. Jade Squirrel

Hongshan Culture

Height 5.6cm Width 1.7cm Thickness 3cm

此松鼠为煤精。有沁坑沁孔，沁疤构成片状，似蜕皮，状态斑驳；惟独煤精几千年腐蚀之后出现此状，而且，除有白色盐碱釀之外，不着其它沁色；玉表受蚀而脱落之处，往往细腻、光润、亮洁、黝黑。造型似切开的西瓜之牙角。背部：从耳至尾为球面形；前面：从耳端至尾端在同一平面上。全部琢工便在此一个圆球的牙角上完成：双耳直立，颇似龙之耳；圆凸双目，向面前延伸，连为棱，为鼻梁；之下为凸尖之唇；唇下为块形口，口之下上翘的尖凸为捧起的后肢。背圆弓，钻一对斜穿孔。背之下，肢之后，为极度夸张的粗大之尾，此状方突出松鼠之特征。此松鼠尖耳、尖嘴、薄唇、粗尾，又颇像狐狸。其形象凸嘴、蜷肢、展尾，动中有静，悠然闲适，十分可爱。夸张某一特殊部位，突出典型特征，这正是红山文化玉器塑造艺术形象的特点之一。

玩赏玉平唇勾形龙的两次惊喜

1993年盛夏，从锦州老友手中用十余件战国汉代玉品换得此龙（图50）。当初，此龙遍体黄土与白色碱醭，玉质、玉沁，甚至真伪，一时很难确认。那时对生坑玉了解浮浅，带着尝试一下的心理，便用清水清洗一下。玉龙一入水，突然感到玉体很黏，似乎有些黏手。顷刻间，玉体上的黄土脱落殆尽，白醭亦消失，碧绿的玉质渐渐呈现出来。我立刻意识到，此龙定是真品。从水中取出之后，龙体上的感觉似鲇鱼一般黏乎乎的，较深阔的沁坑与沁巢处，浓浓的液体有些淡淡的白色，这可能是玉体受沁的物质遇到水后，产生了某种化学反应。我未擦拭玉表，把它放在写字台的玻璃上，不敢再触摸玉体。待玉表的黏液与水分干燥之后，出现了奇迹：附土全部脱落，出现多处沁孔，浓厚的白色膜醭上出现亮晶晶的光泽。见此，我认定此龙是真品无疑。在发现奥秘的惊喜中便马上包裹起来。后来工作忙，无暇顾及玩赏，大约过了两年之久，打开布包，不禁大吃一惊：原来的甘黄色部位扩大很多，而且出现了面积不小的朱砂红。太奇妙了！同时，兴许由于室内干燥，在一侧的勾弯部位出现一块凸起，凸棱崩裂。一摸，掉下几块玉片的碎渣，崩裂的凹坑内胀满炭墨般粉状黑色物质。此处的凹坑至今仍十分粗糙。现在玉器表面上还有另一处尚未崩裂的凸起。

可想而知，只有入土的干坑远古玉器，才会有此反应；赝品，或年代不够久远的古玉，一定不会有这些惊人的表现。

34． 玉兔（龙）

红山文化

高 5.6cm　宽 3.6cm　厚 1.3cm

34. Jade Rabbit (dragon)

Hongshan Culture

Height 5.6cm　Width 3.6cm　Thickness 1.3cm

此兔（龙）青白玉。沁为暗红色，玉表的黑色斑点，是因为出土后玉质尚松软时搓盘，沁坑沁孔受污染所致，玉表内沁呈云雾片状。此兔（龙）圆雕，双足站立，弓背低首，头埋胸腹之前。双耳直立，额凸，目圆鼓；上肢似臂，抱拢于胸前；双足并立，膝蹲弯；颈背弧弓，钻对穿孔。耳、目、头形为兔；而背脊弓隆之棱，应是鬣鬃。红山文化玉器之中凡有鬣鬃者，大都为龙，因而此兔应为兔龙。此兔（龙）形象，似俯首躬亲，一幅祥和温恭之相，可亲可爱，是一件新奇的红山文化玉品。

二、图像与工法

中华原始龙

　　龙，在《礼记》中称为四灵(麟、凤、龟、龙)之一。它是中华古代文明的象征与精华，是中华祖先创造的神灵之物。世界上各个民族的观念中没有任何一种神话动物，像它一样生气蓬勃、千变万化，像它一样富有极为悠久的生命力，像它一样鲜活在一个伟大的中华民族的各个朝代、各个角落、各种文明形态之中。

　　中华龙的年龄，跟中华文明史一样悠久。中华原始龙，第一条年龄最长者，应是距今8000年的前红山文化查海文化的石块积塑龙。查海位于辽河与大凌河之间阜新盆地东北边缘的扇形台地上(距阜新市20公里)，石塑龙在原始集居中心的小广场靠近最大房址的西侧。它是我国考古发现的最大一条巨龙。据《阜新史稿》介绍，全长19.7米，躯宽1.8～2米，头西尾东，身形如轻波浮荡，巨口大张，四肢伸展，尾似蛇上卷。所堆石块大小均等，排列有序，头身石块厚密，尾部松散。

远望红褐色石块，如鳞光闪耀，生气盎然。陕西宝鸡北首岭出土一只蒜头壶，其上有一条龙，呈U形，盘在壶的肩部。长方形头像河马，双眼圆小，眼仁为圆点，龙脊上一条弧线的一侧饰弧形鳞纹，体形像泥鳅，尾分三叉，两侧短小，体内侧有两鳍，尾后有鸟相衔。此龙年龄在6000～6800年之间。河南濮阳西水坡遗址，在一个头南足北的人骨架东侧(右)有一条用蚌壳精心摆成的白龙。龙头(向北)与身形似鳄，S形，嘴微张，头后有短角，尾直伸，尾端分五叉，扇形，前后腿短而直立，有四爪。人骨西侧是一只蚌塑虎。此龙属仰韶文化后岗类型，年龄在6500年前后。甘肃甘谷县西坪遗址的一个彩陶瓶上出现一条横置的V形龙，尾向上折，尾端与口相衔，整体似折为三角形的蛇或鲵。头圆似蛇，人脸，圈形眼，中间圆点为眼仁，两眼之间为竖长的十字；竖为鼻梁与嘴端，竖的上端V形内与圆头之间为平行竖线纹，颇

35．玉虎

红山文化

长 5.3cm　高 3.6cm　厚 1.4cm

35. Jade Tiger

Hongshan Culture

Length 5.3cm　Height 3.6cm Thickness 1.4cm

　　此虎青玉。沁为红紫、红褐、红黄、黄白、灰黑诸色；玉表有蚀点、蚀坑、蚀孔，诸色渗人玉内，玉表均有可寻沁色人内之沁门。此色之沁状是人造沁色绝不可能仿效出来的，掌握此种沁状之特征，就不会在诸多花样翻新的仿红山玉器作伪颜色中"望而生畏"。此虎造型前高后低，前厚后薄。头圆，背弓，尾尖，腹平。虎耳尖立，虎目鼓凸，虎唇前翘，虎足前伸。腹部磨棱（棱凸是红山文化玉器的标志，是红山古人塑造艺术形象的艺术语言或符号）。尾薄而尖，有瑕裂，尖处应是作为工具使用的部分。因而它亦应是虎形玉镳。

似"刘海"；颈上有四条弧线，以示灵动，身躯上饰网纹，为鳞，尾部无纹，头后的躯干内外两侧刻细线；沿前端的内外细线向内向外伸出窄长叶形短臂，臂端伸出一为三、一为四的趾爪。它似是一条人面鲵形（蛙蛙鱼）龙，属于仰韶文化，大约有5500岁。内蒙古翁牛特旗三星他拉半米地表下出土一条墨绿色的红山文化玉龙，全身细长，弯勾成C字形，像勾卷弯曲的蛇、蚯蚓或蚕的幼虫；嘴端上翘，像猪嘴，截面平齐，腮前一条横阴线，垂直延展至嘴端两侧，为紧闭的嘴；截面嘴线上方两个圆凹坑为鼻孔；额头高隆，眼睛凸起，形似无杆的毛笔头；从额部上方向后延伸，并向外侧挑扬起鬣鬃，曲线潇洒威武；尾端平齐。对穿孔在躯体的中上部位。此龙是红山文化典型的玉C（勾）形龙，年龄不低于5000年。

以上新石器时代的诸龙，堪称中华龙的龙祖，都是有考古依据的。中华原始龙，在广袤的中华大地上各踞一方，各具特色，但却有其共性：

其一，都有各区域动物原形的影像，或似泥鳅，或似鳄鱼，或似娃娃鱼（大鲵），或似蛇、蚕等。其二，整个形象都复合一种或几种其它动物或人的某种部位或形象，或是河马，或是猛兽，或是猪，或是人。其三，龙的各种原形动物大多生活在水中、或阴暗处、或两栖在水陆的隐蔽处，它们的行踪本来就具有鲜为人知的神秘性，再把它们的形象安装上其它有关动物的某个引人入胜或惊异的部件，这就更增强了它们——各种原始龙的神秘感，因而在新石器时代的某段时间内都产生过极具威慑力的神性、调兵遣将的权威性、至高无尚的崇拜性、认同敌友亲疏归属的徽铭性。其四，原始龙，必然会从首创期的权威性与垄断性擅变为新石器晚期的普及性与实用性。龙纹制品应用范围广泛起来，如龙纹玉品，随葬、佩饰、聚财、易物等等，已经司空见惯。这充分显示了社会生产工艺水平大大提高，资源广泛开发，财富不断积累，这已经预示一个崭新的社会形态即将脱颖而出。

36．玉兽形玦

红山文化

高 3.7cm　宽 2.6cm　厚 1.4cm

36. Animal Shaped Jade Jue

Hongshan Culture

Height 3.7cm　Width 2.6cm　Thickness 1.4cm

　　此兽形玦青玉。沁为甘黄色、青灰色、云雾状灰白色；有沁孔与沙咬坑。此玦造型简捷，兽首窄于玦身；兽首顶部未琢兽耳或鬃角的凸棱，而是在球面顶部琢磨较浅的凹槽，以示槽两侧为耳，双凸目亦较低平，唇棱亦低平，棱间凹槽较平浅。但琢磨工十分精致。玦孔穿为单方向，即从一侧直穿孔，背穿亦是一侧直穿孔。把玩此玦有一教训：初得此玦十分欣喜，捏在手中爱不释手，致使沁孔沁坑受其污染，污垢弥藏于浆内，至今无法使之洁净。

时代＼唇形	方 直 形						
商代							
西周							
春秋							
战国							
汉代							

表三　商代—汉代龙首龙唇演化一览表

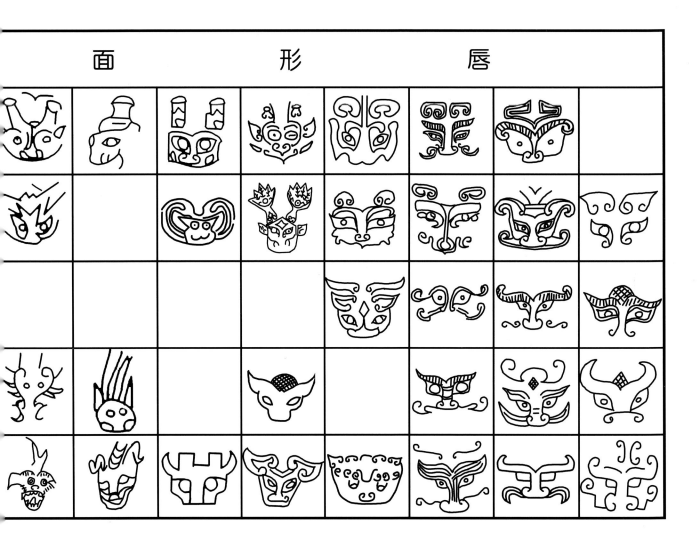

面		形			唇		

中华神鸟——凤凰

世界上各个古老的民族，都有自己理想的神鸟。古埃及，贝奴鸟象征宇宙的运行与循环，栖息在伊奴城的神石柱顶端。荷马说，日城在叙利亚；阿拉伯人说，凤凰栖息在日城的卡弗山上。那是众峰之颠，是世界之中心。古玛雅人神鸟的造型，跟中华民族的凤凰很相似，象征天国与永恒。西方中世纪的神鸟，则象征永生、基督的复活。我国《后汉书·五行志》称："东方神鸟为发明。"《博雅》说："凤凰晨鸣曰发明。"

《礼记》把麟、凤、龟、龙称为四灵。在上古时代，龙凤已经诞生在祭器、神话与艺术作品之中。凤与凰，凤雄凰雌；但与龙结合起来时，凤凰就代表雌性，而且只代表与皇帝(龙)匹配的皇后。根据阴阳五行说，龙生于水，属阴性，凤凰则属阳性。凤凰是百鸟之首，有羽之虫，凤凰为长；凤凰是瑞鸟、古鸟，子曰："凤鸟不至，河不出图"；凤凰是仪态万方最美之鸟，《书》曰："箫韶九成，凤凰来仪"；凤凰

光明向上，《诗经》："凤凰鸣矣，于彼高岗；梧桐生矣，于彼朝阳"；凤凰是祥和瑞鸟，《说文》云："凤出于东方君子之国，翱翔四海之外，过昆仑，饮砥柱，见则天下安宁"；凤凰具备儒家所崇尚之五德，《山海经·南次三经》云："首文曰德，翼文曰义，背文曰礼，膺文曰仁，腹文曰信。"《春秋演子(图)》云："凤为火精，生丹穴，非梧桐不栖，非竹实不食，非醴泉不饮"；身备五色，鸣中五音；有道则见，飞则群鸟从之。《山海经·东山经》亦云，凤凰，见则天下安宁，它的出现，象征圣明治世之和平隆昌。因此说，凤凰是神鸟。

总而言之，凤毛凤爪，凤鸣凤舞，凤冠凤钗，凤仪凤德……皆为最美好的事物与最美好的品貌情操。凤凰简直就是含弘光大、德合无疆、美好之至的崇高形象的象征。在中国的古籍中，再没有比描述龙凤更多的神物了。凤凰，在中国上古时代，就是一种神秘化理想化的神鸟、瑞鸟、美丽之鸟。

37. 玉兽形玦 2 件
红山文化
小：高 3.5cm　宽 3cm　厚 2cm
大：高 4.5cm　宽 4cm　厚 2cm
37. Two Pieces of Animal Shaped
Jade Jue
Hongshan Culture
The Smaller One:Height 3.5cm
Width 3cm Thickness 2cm
The Large One:Height 4.5cm
Width 4cm Thickness 2cm

　　此二件玦均为白玉。小玦，沁有米黄、桔黄、黄褐、灰黑、奶白等色；沁色呈为花簇状、毛纹状，玉表有沁坑。大块，沁有黄褐、甘黄、红褐、灰黑等色；玉表沁有麻坑、沁疤、沁沟与沁洞，沟坑内沁有白浆。二块造型均弓身，耳端圆凸，口尾相衔(咬尾龙)，尾上勾且窄。小块，耳目合一，为圆凸，鼻唇为两道横棱；大块，双目在圆凸之耳下，鼻唇亦为双棱，工法似乎显得稍拙。小块块孔喇叭状，而且大而阔；大块孔缘未加琢磨与加阔，显得棱角生硬，似乎有"偷工简略"之嫌。然而此块沁状为天然形成，无可置疑，其"格色"之状，亦可能由于操作者并非高手所为。小块是一件色状俱佳的红山玉品。

蛙纹密码

中国古代玉器上龙凤肢体上或鳞翅上常常有短波浪纹～，或竹节纹～，这种纹饰在战国前后较普遍运用。它不单单是塑造艺术形象的简约点缀，它有极深远的发展演变历程，它是经久铭刻祖先形象的图腾符号的简化与概括。

6000多年前，中国上古时代已形成四个最大的部落联盟集团：西部以炎帝为领袖的古狄羌集团，中原及北部以黄帝为领袖的古狄戎集团，东部以太昊、少昊为领袖的东夷集团，南部以蚩尤为领袖的苗越集团。几大集团经过旷日持久的攻伐，最后黄帝在中原阪原逐鹿大战中击败分尸了蚩尤，成为各部落崇拜的对象(王大有、王双有《图说中国图腾》)。

黄帝为少典之子，姓天鼋氏，徽铭与图腾为日(天)蛙(鼋)合体，马家窑文化、仰韶文化遗址中的彩陶上出现很多日蛙图案。日符号有：○、◎、⊛、❀、❁等；日蛙符号有：❁－❁－❁－〜〜－〜〜－❁－〜等。这个变化过程不能不说是艺术的不断概括与精练，不能不说是思维不断地抽象与发展。蛙纹不断演化，正反交错的波浪角纹，象征蛙族的交配与合婚；蛙肢蛙体周围的点纹、圈纹、叶纹，象征蛙族子孙生生不息；波浪角纹的两方延续、斜方格纹的四方延续，均象征蛙族(天鼋氏即轩辕氏)不断强大繁荣昌盛。围绕蛙族的演进，出现了许多具有文字形态性质的符号：小、〳、〤、〵、山、卡、市、米、峃、赤、韭、❀，甘肃辛家店文化遗址陶器上也出现了蛙纹符号〰、❀等。这些符号在上古的时候应该有各自的涵义，均应与蛙族有关系，或嫡亲，或近亲，或远亲，或盟友。这些符号也应有各自的特定发音。遗憾的是，我们无法走进6000年前古人的生活圈，但是古人留下的大量的符号信息，后来人终究会逐渐破译。

夏商周以后，古玉器上反复出现的〰、❀、〜等纹饰，都应是炎黄子孙对老祖宗的认同与铭记、崇尚与祈望。

38. 玉兽形玦

红山文化

高5.3cm 宽4cm 厚2.2cm

38. Animal Shaped Jade Jue

Hongshan Culture

Height 5.3cm Width 4cm Thickness 2.2cm

此玦青白玉，生坑（干坑）。灰沁，呈灰白色、灰黑色；玉表钙化，覆盖一层碱"嘎巴"，局部"嘎巴"中有浆，此浆皮容易跟"嘎巴"一同脱落。此兽形玦造型，

与一般兽形玦略有所不同：①头部棱较为突出，腮棱高于玦身，目为减地凸起，亦较小；正面，近于倒梯形，双耳之间的凹槽宽阔而浅缓，鼻唇以双横纹阴线隔开的棱表现。②玦下身稍扁，尾端宽圆。③玦口呈开放<形。④首尾间的穿孔，虽为喇叭状，但较狭小，留下更宽阔的面，以显示兽身之宽阔与厚重。此玦一直未加浸泡或受潮，如果有适宜的水分，则会沁浆，玉表会光亮起来。

翼　虎

从商代到汉代的虎中，刻有双翼的虎并不罕见。虎跑跳蹿扑，迅疾威猛，称为百兽之王，再添上翅膀，真是猛虎添翼，更无所不能。高古玉器中的翼虎，是不是这层意思呢？

《海内北经》云："穷奇状如虎，有翼，食人从首始，所食被(披)发，在蜪犬北，一曰从足。"穷奇者谁？《左传》文公十八年云："少皞(少昊)氏有不才子，天下之民谓之穷奇。"注引别本云："穷奇，似牛而狸尾，尾长曳地，其声似狗，狗头人形，钩爪锯牙。逢忠信之人，啮而食之；逢奸邪，则擒禽兽而饲之。"此处所记穷奇，不但不才，食人，而且颠倒忠信与奸邪，助邪为虐。这样的形象从神话中进入生活中的艺术品

——玉器形象之中，其用意是很明显的：警戒人莫学不才子穷奇，要讲忠义之道，与奸邪分道扬镳。

商代青铜器与玉器上，就有虎食人首的纹饰，其源应是《山海经》中的神话。

古书亦有另述，穷奇并非完全作恶，也有益处。郭璞《图赞》云："穷其之兽，厥形甚丑，驱逐妖邪，莫不奔走；是以一名，号曰神狗。"《淮南子·坠形训》云，穷奇、共工、禺疆等为八风所生的八神。穷奇，为八卦之坎——广莫风所生。穷奇在这些古书中又成为神，为驱妖逐邪的神。当他走进古玉艺术品中之后，就成为镇邪的"辟邪"了。穷奇之翼虎形象，作为辟邪之器，更具有神奇威猛之特征。

39. 玉兽形玦

红山文化

高4.8cm 宽3.7cm 厚1.7cm

39. Animal Shaped Jade Jue

Hongshan Culture

Height 4.8cm Width 3.7cm

Thickness 1.7cm

此兽形玦黄玉。沁色淡黄、黄褐、红褐、青灰等色；玉表内沁呈云雾状、花簇状、冰裂状；眼部与玦口内外有沁坑沁洞。造型极度夸张兽首之双耳，双耳直立，宽阔，边缘薄，是典型的立起的猪耳；鼻唇上翘，亦是猪唇之特征；唇上之(皱褶)棱凸较密，凸目之外为眼廓的圆棱。玦口开放＜形，不与中间穿孔相通，以突出兽嘴之大；穿孔较狭小，而颈后系挂的穿孔反而显得不小。此兽形玦玉质光润，沁色淡雅，器型厚重，特征突出，是一件罕见珍品。

鱼 妇

上世纪50年代有一部著名的外国影片《华沙美人鱼》，安徒生童话《海的女儿》就是美人鱼。中国古玉器之中早就有美人鱼。笔者也有一件明清时期的白玉残件美人鱼。笔者1998年在潘家园亦曾得到一件战国美人鱼，不禁十分吃惊：我们老祖宗在两千多年前，能塑造美人鱼的形象吗？

近几年不断翻阅古籍，获益匪浅，眼前粲然一亮，中华美人鱼不叫美人鱼，而曰鱼妇。鱼妇的身世了得，她原来是中华三皇五帝中的第二大帝的化身。

第二大帝颛顼，是黄帝的重孙。黄帝与妻累祖生昌意，昌意生韩流，韩流生颛顼（《海内经》）。颛顼的经历亦不一般。可谓神童与青年天才的颛顼生十年而佐少昊，二十而登帝位（《帝王世纪》）。他是少昊的犹子，少昊是他的世父（《大荒东经·注释》）。应该说，少昊栽培养育并使他成才。他称帝之前后，迁徙东北大荒之中，在北方繁衍生息，继承开拓北方红山文化（韩流之后）群落。他生老童，老童生重及黎（《大荒西经》）。少昊衰，天下乱德，民神杂糅，无所适从。而颛顼命南正重司天以属神，命火正黎司地以属民。他恢复了常规，使天上与地下（官与民）互不侵扰（《大荒西经·注释》）。

颛顼帝的一生，功勋卓著，名垂千古。死后，与九嫔共同葬在东北海之外、大荒之中、河水之间的附禺之山。这里是最美好的风水宝地：有鸥久、文贝、离俞、鸾鸟、皇鸟、大物、小物。有青鸟、琅鸟、玄鸟、黄鸟、虎、豹、熊、罴（四鸟）、黄蛇、视肉、璿、瑰、瑶、碧。有帝俊的竹林，有赤泽水，有无枝三桑，有颛顼洗浴的沈渊（《大荒北经》）。他葬在如此风光旖旎、如此如诗如画之山水间，他的子民与后裔，仍不能忘怀他，仍期望他死而复生。于是，就产生了鱼妇的神话传说，以永恒铭记他。

《大荒西经》云："有鱼偏枯，名曰鱼妇，颛顼死即复苏。风道北来，天乃大水（如）泉，蛇乃化为鱼，是为鱼妇。颛顼死即复苏。"

从此，颛顼化为半人半鱼的美人鱼。

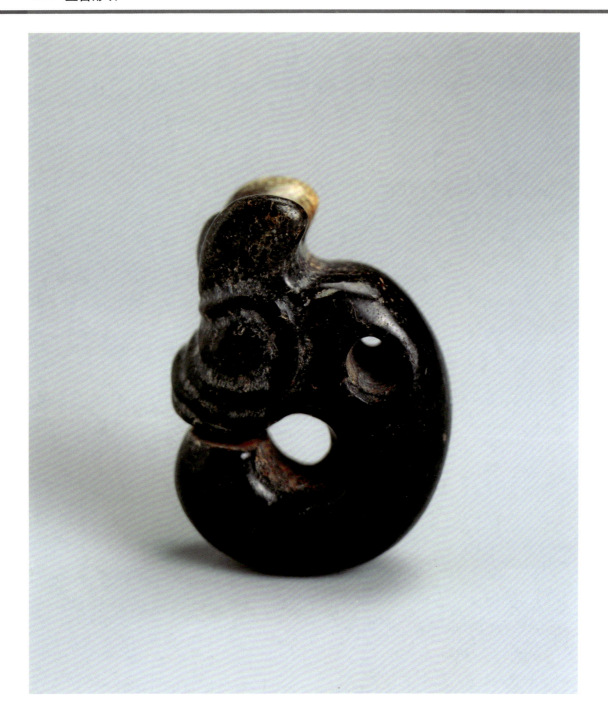

40．玉兽形玦
红山文化
高4.7cm　宽3.6cm　厚1.7cm
40. Animal Shaped Jade Jue
Hongshan Culture
Height 4.7cm　Width 3.6cm
Thickness 1.7cm

　　此兽形玦碧玉。沁为黑碧色、青灰色
与灰白色；玉表有沁坑沁沟与沁洞。碧玉

玉质较硬而坚密，玉表受沁，一般比较光
洁，沁坑沁孔较少；玉表沁有白亮的金属
微粒，此金属使玉表呈现黑色。此玦造型
独特处在于：①双耳直立，宽阔，尖端向
后展；②双耳之间，有一圆凸，应为雏龙
之幼角；③眼凸、眼廓棱与鼻唇棱，均运
用压地凹槽以突现；玦口之孔与背部穿系
之孔（一侧），均开阔。"独角兽形玦"，在
红山文化玉兽玦之中不曾多见。

眼睛是时代之窗

　　中国古代玉器自商代至汉代，各时代刻饰兽面纹的眼睛、龙凤的眼睛、各种禽兽的眼睛，以及人物的眼睛，是不尽相同的。研究各时代眼睛的基本特征与刻饰规律，对种类繁多纹饰庞杂的古玉的断代与鉴定，是十分重要的。可以说，古玉器上的眼睛是洞察中国古玉产生时代的最重要的窗口之一。

　　商周兽面纹的眼睛比较大，多呈臣字 $\bowtie$ 或 $\oslash$ 形，或由此形变化其形状。有的下眼角线拉长，有的上眼角线拉长；有的眼球偏左，有的眼球偏右；商晚期与西周早期，有的眼球凸出在下眼眶之外，有的月牙形，眼球居中。还有方圆 $\bigcirc$ 形眼睛。商周的方形眼，有矩形、平行四边形和菱形，有的眼球中加圆圈眼瞳或短直线（或横或竖）为瞳。

　　四川广汉三星堆玉人目，为平行四边形。禽鱼多圆形或双圆圈形，运用单阴线、双阴线与阳线琢饰，还有的以对穿孔为目，有的目为圆凸。商代运用阳纹与圆凸较多。商周还出现一种杏核眼（禾大方鼎）与双线杏核 $\oslash$ 形眼。杏核 $\bigcirc$ 形目，使人物富有美感，而且更近似写实。商晚期出现弧切圆 $\bigcirc$ 形目（山西灵石旌介村出土牛头兽青铜器），西周发展为 $\oslash$ 形（宝鸡茹家庄出土青铜器），或鸟首 $\oslash$ 形目（茹家庄），或弧切圆目的变形 $\oslash$ 形目（虢叔盨青铜器）。青铜器上的前后眼角线，根据画面构图有各种夸张现象。玉器上的眼睛琢饰比较困难些，但基本样式与风格跟青铜器上眼睛的纹样大致相差无几。

（下接 113 页）

41. 玉兽形玦

红山文化

高 10cm 宽 7cm 厚 2cm

41. Animal Shaped Jade Jue

Hongshan Culture

Height 10cm Width 7cm Thickness 2cm

　　此兽形玦为栗褐色玉，此色不罕见。沁色重处有黄褐色斑；周身边缘沁蚀较深，随玉之纹理蚀为密集的横向疤坑，坑内覆盖较厚的白色浆体；两侧玉表沁为密集的毛孔状坑点。此玦为红山文化玉器中典型的兽形玦(或称为玉猪龙)。圆目微凸，目之外磨有较宽的隐凹，隐凹之外是较宽的隐棱，隐棱之外亦是较宽的隐凹；隐棱之上琢双钩阴线，使眼球、眼廓更为突出；眼廓之下、玦口之上琢直线纹与弧线纹，弧线纹内琢竖短线，为牙齿；腮后琢棱，顶部至腮后部，中间横磨直而长的深凹槽，槽两侧之棱为兽之双耳。玦孔与系孔，一大、一小，另侧则相反，一小一大。此兽形玦玉面抛制光滑细腻，制后佩饰时间长久(从孔穿中光滑的磨擦痕可见)，因而此玦能够保持如此完美的状态。尽管此玦造型司空见惯，但是如此透熟、如此精致、如此完美，实在难得。

42.　玉兽形玦

红山文化

高 13.6cm　宽 9.3cm　厚 3.6cm

42. Animal Shaped Jade Jue

Hongshan Culture

Height 13.6cm Width 9.3cm

Thickness 3.6cm

　　此玦黄玉。沁为黄白、灰白、灰黑色
的斑点、团簇、毛纹、片块状，玉表有较
小的沙咬坑，玉内沁色主要呈现为灰白
色饭糁状与团雾状。此沁状遍布玉器周
身，包括穿孔内、阴槽内与玦口内。这是
伪沁玉件上不可能具有的五千年自然沁
蚀的特征。此玦造型与一般红山猪龙玦
有几点不同之处：①玦身较宽，②中孔与
系孔的"喇叭口"较阔大，③额圆隆，④
正面棱多：眼部四条，眼下至玦口四条
（中间两条内端由弧圆连接，象征鼻孔与
唇齿）。此玦之状态与用料，以及所有阴
槽均加以精细横磨的痕迹，均说明此器
在红山古人所制的玉龙玦与玉品中，是
一件高级别高品位的精品。

43. 玉扁平环式兽形玦
红山文化
高6.2cm　宽4cm　厚1cm
43. Flat Ring Beast Shaped Jade Jue
Hongshan Culture
Height 6.2cm　Width 4cm Thickness 1cm

　　此兽形玦青玉。沁色微黄、黄褐、灰黑；玉表有沁坑沁孔；玉内沁色，因其未加盘玩而较朦胧。此兽形玦，头部与一般兽形玦相似，而构思独特、别出心裁之处，即兽身为圆镯状的圆圈(玉瑗)形。这是一件不可多见的红山奇品。

（上接107页）

由于臣字眼刻板且繁琐，春秋时代运用的范围已经缩小，商周臣字眼的内外眼角的单尾线，发展为内眼角线为双线（见图表1）；商晚期至西周早期出现的叶形◔目，因其简练，形象，逼真，被普遍运用，并发展为◖◑◔形（甘肃庆阳、河南信阳、湖北随县出土青铜器）。此形目春秋时期运用比较广泛。商周时期的圆形目、各种方形目、杏核形目继续延用。春秋还出现杏核形目加双眼皮的眼目纹饰（昆明上马村五台山出土青铜器）。战国在春秋◔形目的中间加进菱形眼瞳（河北新乐中同村青铜器），刺绣中出现水滴形（胆形）◡◡目、叶形◔目（湖北江陵县马山一号楚墓）、菱形目中加圆瞳之人目（云南祥云县大波那青铜器）、单眼皮窄杏核目（湖北江陵武昌义地楚墓漆器）。战国玉器上的眼睛普遍近于菱形目，这种眼睛稍加变化，即可变为杏核形目，变窄可为凤目，现实感美感增强。往往在上眼睑之上加饰一条单阴线（弧线）为双眼皮，水滴形◉目之前加勾线（故宫白玉双龙璜），杏核形目中加饰不完全的眼瞳。圆形目变化较为丰富，有水滴形、叶形、叹号形、半水滴形、半月牙形等。春秋战国的圆圈眼球出现或贴上部半圆或贴下部半圆的内侧加一条弧线的圆形◡◡目，产生垂视或仰视的效果，颇有转视感。战国的臣字眼

已成为◳形，沿鼻梁与眼眉下部的两条眼角线互相垂直，下眼睑的单眼睑线弓弯很大，往往低于下眼球的边缘。春秋战国的眼睛较为简捷，单纯，趋于写实，富于变化，不似商周时期那般硕大而图案化。

汉代的臣字眼渐渐减少，但并未消失；沿鼻梁与眼眉下部的两条眼睑线构成的角，稍小于直角，角有些弓，近似西周与春秋的臣字形眼，眼睛似平行四边形，但四边形比战国时代小，眼球亦小，眼瞳多为管钻钻成的小圆圈。一般圆形目、杏核形目、椭圆形目，大多都加饰圈点形眼瞳；圆形目亦多用管钻钻圆圈。汉代还出现一种三角形目，上眼睑线近似直角，内眼角线加上挑的勾，外眼角线外展较长，为◡形；亦出现一种普遍运用的凤目，为蝌蚪◔形。蟠螭、鸟兽与人物出现运用横直或弧弯的单阴线眼睛，其法简易，概括，写意，表现细眯状态或朦胧状态。汉代继续延用圆眼球上半圆或下半圆之内侧加弧的圆目纹，并出现圆眼瞳上移或下移，表现仰视或俯视，手法较新，富于表现力；兽类继续运用战国普遍运用的加饰双眼皮的目纹。汉代除了加强神秘色彩继续运用臣字形目而外，大多数眼目已经普遍采用写实手法，深琢眼睑线，以突出眼球立体传神的效果。

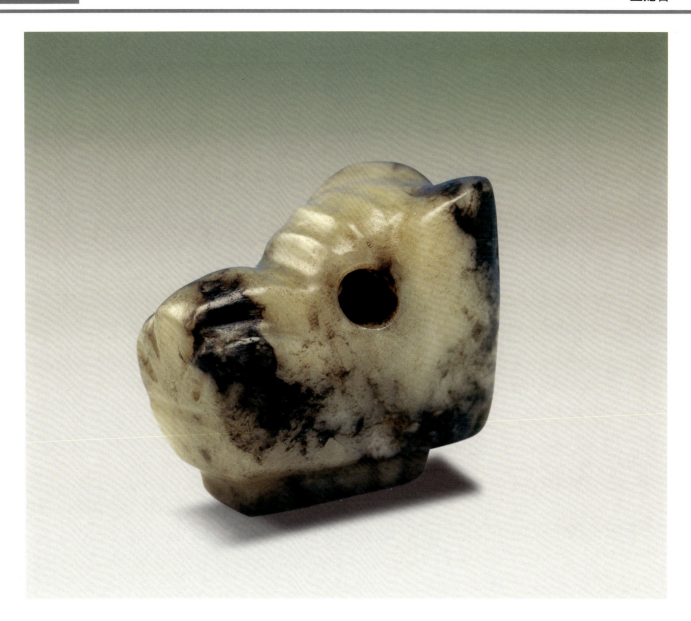

44．玉龙首
红山文化
高 4cm　宽 3cm　厚 4.7cm
44. Jade Dragon Head
Hongshan Culture
Height 4cm　Width 3cm　Thickness 4.7cm

　　此龙首白玉。沁为黑色(黑漆古)与灰色，沁为片状与毛纹状；玉表有沁疤与沁坑。此龙首比《中国玉器全集·1卷》31图的猪龙首略大，造型相同。只是此器鼻孔不是双凹圆坑，而是两个倒八字形，更加形象，简易，线条化；额头的阳纹线棱与阴纹线槽更为工整，齐直；双眼孔比之略小些。阴纹线与凹槽的磨痕，以纵磨工为主，可使之深刻，但有纵磨之前曾横磨的痕迹。此器白玉质，在红山玉器中较少。

45．玉龙首形佩

红山文化

长4.3cm　高4.3cm　厚1.3cm

45. Jade Dragon Head Shaped Ornament

Hongshan Culture

Length 4.3cm　Height 4.3cm

Thickness 1.3cm

　　此佩为黄玉。沁为枣皮红色、淡黄色、与云雾状白色，红色沁处有黑色沁点与沁坑。龙首似狗似羊，嘴端上部有一对枣核形目，近似平行四边形，下眼睑呈弧状，上眼睑呈钝角状。额高隆，耳上翘。耳下与颌下的部分，为简易而曲动的龙身。颌下穿孔。口一侧与耳棱下的阴线槽为竖磨，鼻与目，以及其余处的阴线槽均为横磨。此龙首形佩，造型奇特，器缘棱角突凸，奇诡。但并不失红山玉器之特征。器缘磨棱，阴线槽横磨，外展之穿孔，均有红山文化玉器的特点。此器造型可能是因为此块玉料的形状原来大致如此，因而这是一件因料就工的精致小品。

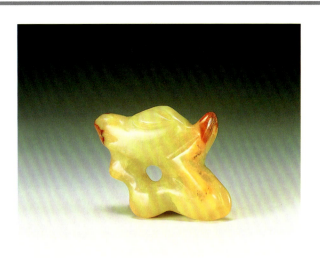

良渚文化玉器上的浅划细线是中华
五千多年玉器史中的奇迹

　　人们都知道，良渚文化玉器上的细阴线不是砣琢而成，而是由刃锋尖锐的器具划出的，因为其细线之痕迹，即窄又浅，而且线底深浅如一，线划路线较长；不似砣迹有深有浅，衔接处短促，显而易见。这些特征，只是良渚文化玉器上的浅划细阴线的一般特征。

　　它的惟一可称为奇迹的特征，前无古人后无来者的特征即是：极窄（极细）极浅的细阴线的线底部，不似其它文化期玉器上的阴线均为砣琢的深沟或浅沟，而是由平行的似短斜线头相并连接而组成的地地道道的划线，其形为 //////////。运用尖锐的器具——尖锋石具，在玉器表面上即使是轻划，亦应该划出浅细之沟，可是，其线底部为何不是浅沟，而是平行的短斜线头相并连接而成的线呢？

　　对平行的短斜线头相并连接而成的浅线划成的原因，可以作以下的分析与推断。

　　其一，在玉器表面上划细线之前，为使划具不至于因为坚硬光滑而走空刀，在光滑的玉面上应涂上可以使刀锋滞入玉表的产生阻涩力的物质（如运动员在单双杠上涂抹石粉一样）。其刀锋因受阻涩力的障碍，向前划动的力会使刀锋短促跳动，这样，浅细线在玉表上就可能出现短而连续不断的线头斜线痕迹。

　　其二，良渚文化玉器中有一种被称为锥形器的玉器，有圆锥形，有方棱锥形，一端为铅笔尖头状，另一端有榫卯状凸起，凸上穿孔，可以挂绳。此器小者几厘米长，大者有半米多长，民间俗称为划笔。此名称应该说十分贴切，不知是几千年延续流传下来的称谓，还是智者的推测而称之。尺余长的大划笔，如果用其在玉器上划线，笔又长又重，如何能握牢笔端？古人只好想办法，为运用自如轻便地划线，就把玉划笔的另一端穿绳吊在头顶上部的横绳（或杆）上。吊绳长

　　短适度，既不过长，亦不过短。不用时即吊在绳（或杆）上，玉笔的刃锋可以搭在作业面上；用时，由于上有绳吊起，手握笔端，玉划笔的重量便从吊绳（或杆）上垂直作用在玉面上，因而既不会因其重而手力不胜其任，又可节省用手向下刻划之力；这样，只要手握牢玉划笔之端向前划动，玉表便会出现划线（痕）；又由于笔的另一端的绳吊系在上部的横绳（或杆）上，只要握牢划笔之手一用力，上部的横绳（或杆）便会颤动；这一颤动产生的力，与玉表上的阻涩力一经结合，划笔之端便会颤抖一般在玉表上划行，如此一来，玉表上便出现似短斜线头相并连接的浅划细阴线。这种奇迹般的浅细划线，便产生了。

　　此法，只是从斜短线相并连接的痕迹上推测的，此法是否尽情理，尚无结论。但是可作为向古玉研究家们抛出的一块砖，希望能引出精确的玉论来。

46. 玉龙

红山文化

高 4.7cm　宽 2.7cm　厚 1.5cm

46. Jade Dragon

Hongshan Culture

Height 4.7cm Width 2.7cm

Thickness 1.5cm

　　此龙黄玉。沁为红紫、红褐、红黄色，云雾片状沁渗入玉理，背部有一个较大的蚀坑，尾侧有一粒极小的蚀洞。此龙为敞口 C 字形，头似虎兽；双目竖长，鼓凸，占面部一半之多；双凸之耳低于小于双目，鼻唇上凸，较短；双耳、双目、鼻唇，五个部分，只运用"士"字形三条阴线槽，便形象而准确地塑造了虎兽形的龙面之特征。这便是红山文化玉器塑造艺术形象"工简意赅"的特点。前翘之龙尾，似琵琶形，尾端的内侧由四条阴线槽构成的阳纹线棱，以示龙身多节而曲动之意。双耳背后有一对斜穿孔。此龙造型奇，为珍品。

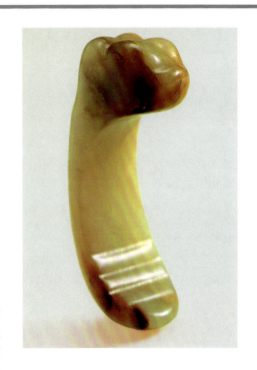

西周昆吾刀法

昆吾刀法，是周代留给后人的一种琢玉的技法，它跟良渚文化玉器细线上的短斜纹痕与汉代双钩细碾刀法一样，已成为失传的工法，因而也给后人留下了不知其为何状的谜。

自明清两代到民国初年，乃至当今，一些大玩家玉论家都言及昆吾刀，到底昆吾刀是什么样子？昆吾刀琢饰的线纹什么征状？昆吾刀法有什么特征？这些问题并未解答，的确需要玩家们、古玉研究家们研讨，破解其谜。

明代屠隆《文房器具笺·印章》曰，古玉章用力精到，篆文笔意不爽丝发，此必昆吾刀刻也，即汉人双钩碾玉之法，亦非后人可拟。此文是说，只有昆吾刀琢玉，才能达到精到、一丝不苟的程度，可见昆吾刀是一种锐利、操作自如、便于精工细作的琢玉工具，昆吾刀法与汉代双钩碾玉法有相似之处。但不应将昆吾刀法与汉代双钩碾玉法相等同。

刘心瑶《玉纪补》曰，秦汉琢工粗，多阴纹，有细如发而精巧绝伦者，乃昆吾刀所刻，世罕有之。从此文可知，昆吾刀是用以刻琢细如发丝、精巧绝伦之品，因而世上罕有。但是，把秦汉的细巧工归为周代的昆吾刀工，亦颇失当。

谈论昆吾刀最深入细致、最为恰如其分的是《古玉辩》作者刘大同："他山之石，可以攻错，是以石制玉时期，可称最古，一变而为周之昆吾刀，再变而为汉之八刀。"此言昆吾刀法，既有别于新石器时代刀法，也有别于汉八刀工法；"自晋魏以来，不见昆吾刀……自何时断绝，吾亦不得而知也。"此言昆吾刀法早已失传。接下来，他说，秦汉不及三代，六朝不及秦汉，唐宋元明不及六朝者，非玉之罪，刀工使然，今人不见昆吾刀，而以钢刀刻玉，是无法追踪前代的。此言昆吾刀法决定中国古玉历史重大变化与衰落之作用。他将晋魏以后玉品不及秦汉以前，其因完全归结为昆吾刀法的失传，未免有些过甚，但却足可以言明，运用昆吾刀琢饰古玉，可以制作顶极之品，可以达到制玉顶峰。刘大同对昆吾刀的强调，足以表明此刀与其刀法在中国古代玉器发展史上特殊重要的作用与地位。他在"昆吾刀之切玉"一节中说："据所见周秦汉古玉，其刀工粗细不一，细者无论矣，粗者莫如汉八刀，而表现刀之快利，切玉如泥者，实千百中不见。"从此文可见，他认为，只要切玉如泥，快利，不论粗细，均为昆吾刀所刻。

以上诸家观点可归纳为六点：

47．玉变形龙

红山文化

高 5cm　宽 4cm　厚 2cm

47．Transformed Jade Dragon

Hongshan Culture

Height 5cm　Width 4cm Thickness 2cm

　　此变形龙黄玉。沁蚀较轻，玉质完好；右侧头部轻度钙化，呈白色，右侧尾部有微小沁坑的沁面，玉表的磨痕因受沁而深阔。此变形龙造型别出心裁：唇端平齐，头部由（唇棱、目棱、耳棱）三道环棱构成，以示唇（棱）、目（棱）、耳（棱），棱之间为横磨的深槽；圆柱体勾形龙身，尾端沿身躯内外两侧运用横磨工法，各琢磨一条C形凹槽，以分龙身之胸腹，槽内为龙腹，槽外为龙背。龙首上的对穿孔，为龙目，一侧孔在前一条槽内，另侧在后一条槽内；目在前显得唇短，目在后显得唇长。由此可见，红山文化玉器制作时的精心设计与微妙变化。由此可见，红山文化玉器在粗犷豪放的风格中，并不缺乏细腻微妙之运作。

①昆吾刀是快利、切玉如泥之锐器，制造精绝之玉器必用昆吾刀；②昆吾刀用以刻琢纹饰细如发丝之玉品，即细琢工必用之；③昆吾刀亦刻琢粗工，即粗线玉品；④昆吾刀之制品，世所罕见；⑤昆吾刀法极难，非后人可拟；⑥昆吾刀及其刀法，自魏晋已失传。

笔者赞同这六点。而刘大同之说，昆吾刀工包括粗刀工，即汉八刀工，不敢苟同。因为，商周及秦汉乃至以后各代玉品中均有大量粗刀工玉品，而且任何精致的细工玉品，都有结合运用粗工或琢饰粗线的工法。粗线琢玉，如汉八刀，大刀阔斧，快利畅达，此粗工，汉前后诸代均有，并不是空前绝后之工法。而昆吾刀法却是空前绝后的，其法如果不是极难操作，亦不会失传。

昆吾刀的粗工与汉八刀的粗工，是两种迥然不同的两个不同时代不同刀法不同特征的工法。汉八刀是琢刻的刀具在玉面上垂直作用下产生的粗阴线，沟口宽，沟两侧斜下沟底，沟两面的坡较陡，其截面为V形。阴线沟槽的起端与终端的形状，为犁尖破土之形，其平面图似柳叶之尖，此种工法不只汉代独具。昆吾刀既然是周代普遍运用的制玉工具，那么周代玉器上的纹饰，无论粗工还是细工，都应是昆吾刀具所刻，都应是昆吾刀工；只不过此刀具有大有小，刃有宽有窄

而已。

西周不同于商代的刀法，一面坡阴线琢法，两个时代都运用。商代阴线上的斜坡，是先在玉面上开沟槽，然后在一侧坡上反复加磨，压低，磨出较宽的斜坡；这种斜坡，反复琢磨的痕迹十分明显，斜坡面高低不平，比较"破碎"。而西周一面坡阴线上的斜坡，宽阔而平直，好似琢刀一次性琢出，流畅，连贯，斜坡面上的磨痕像始终如一，可见琢刀切玉如泥之快利。西周这种斜坡上的起始或终止的刀痕为月牙角形，即⌒形，一侧弧度小，一侧弧度大。西周的这种一面斜坡粗阴线的琢法，是琢刀与玉器面构成小于九十度的倾斜度在玉面上向前推进，倾斜度越大，阴线的斜坡越宽。在阴线的一侧，一次性琢出平直或圆转的斜坡，这就是西周时代独特的刀法，此刀法到战国晚期，就逐渐被垂直的双钩阴线琢法所代替。昆吾刀法，首先就应该指的是这种一面坡阴线的新式琢法。因为，其一，这种琢法具有西周时代的独特性。其二，具有切玉如泥的快利特征。其三，平直——流畅，舒展；转折——圆活灵动，曲度有致，痕迹有规律。此刀法，非昆吾刀所不能也。昆吾刀的另一种刀法，就是多家一致公认的细工琢法。此昆吾刀所琢的细阴线，被认为世所罕见之工法，到底什么模样？

48. 玉龙

红山文化

高 4.2cm　宽 4cm　厚 0.8cm

48. Jade Dragon

Hongshan Culture

Height 4.2cm Width 4cm Thickness 0.8cm

　　此玉龙青白玉。沁为灰黄、灰白、黄褐、红褐、黑褐诸色；玉内沁呈饭糁状、云雾状；玉表有较深阔的沁沟、沁坑、沁孔。此龙造型简约，可能在一块小玉料上随其自然，琢磨成器：头长面宽，(占玉器二分之一还强)；身短而细，与细尖之尾，才为玉器的一小半；鬃鬣短宽，似公鸡冠；龙之鼻目，仅以人字纹概括，仅此足见红山玉器之特征。虽与典型勾龙的造型大同小异，却明显有其自己独特之处。钻孔，较为随意，在龙身偏后的部分。此龙给我们的启发是：红山文化玉龙或其它玉器，根本就没有划一的模式，收藏红山玉器，如果按图索骥，认为与出土红山文物有异者皆为伪器，那么许多红山精品绝品真品都将会失之交臂。

　　这就需要研究西周玉器上的精致细阴线纹的特征。西周精小玉器上的阴线（阴纹），可以给人很多启示。一条阴线只有0.15毫米宽，这么窄的纹饰在三千年前能工工整整地琢在玉面上，简直是难以想象的奇迹；其深度，不像良渚文化玉品上细阴线的划痕那么浅，又不像汉代细阴线砣琢得那么深，可以说既不深又不浅，沟底横截面应为◡形；衔接处，连续不断，可见运作谨慎而缓慢，但刀锋却需要快利；其线宽窄均匀，深浅均匀，阴线沟底砣后留下的痕迹不明显，不像汉代细阴线沟底呈起伏波浪状，这除操作技术娴熟施工认真而外，可能在锋利刀具的尖端有控制深度的隔挡，或刀端部有微棱相隔，使刀刃不至于吃玉过深或过浅；方折或圆转处，外侧留有似扇骨形的斜弧纹痕迹，可以推知，刀具运转机动灵活。本书图69玉鱼与图70玉凤纹系璧上的纹饰可为参证。

　　从西周玉器上的细阴线中所得到的诸多启示与推断，可以说，周代的细阴线琢工是极高超极难工的一种绝世琢玉技法，可以说，秦汉以后这种工法就已失传，以后诸代乃至当代尚无人可模拟，可以说，西周细阴线碾琢工法，亦是所谓昆吾刀细碾法。

　　因为，西周除了一面坡阴线琢法与细阴线碾琢法两种琢工以外，再无有被历代公认的更为特殊的琢玉工法。因此，可以说，这两种阴线碾琢法，应是一直迷惑后人三千余年的昆吾刀法。

49.　玉吐舌龙2件

红山文化

小：高5cm　　宽5cm　　厚1.4cm

大：高7.4cm　　宽7cm　　厚1.8cm

49.　Two Pieces of Tongue-

Stretching Jade Dragon

Hongshan Culture

The Smaller One:Height 5cm Width 5cm

Thickness 1.4cm

The Larger One:Height 7.4cm Width 7cm

Thickness 1.8cm

　　此2件吐舌龙均为青白玉。小龙沁为黄褐色、青灰色、灰黑色；大龙沁为微黄色、青灰色、灰黑色；玉表沁坑、沁孔较深；玉内呈花纹状。此对龙，造型显然异于其它红山玉勾形龙：龙正面面部窄长，鼻端尖，目为梭形，张嘴吐舌，鬣鬃窄而厚（大龙1cm、小龙0.7cm）。龙身没有明显特征。目与舌的阴线，为竖磨工，因而线槽深刻，利于突出器官的形象特征。此对龙，可能是红山文化玉器发展中某一个不同于鼎盛时期的玉品，亦可能是红山文化玉器产生区域中某一个特殊区域或特殊部族的玉品，亦可能是红山古人特殊需要的一种龙类型。它是我们研究红山文化玉勾形龙的可贵标本。

50. 玉龙
红山文化
高19cm 宽17cm 厚2.5cm
50. Jade Dragon
Hongshan Culture
Height 19cm Width 17cm
Thickness 2.5cm

　　此龙碧玉。玉表十余处蜂巢般沁孔,
较深较阔;上部沁有白膜,中部沁为朱砂
红、甘黄、铁锈红,下部由于拿摸,白膜
渐脱;玉表局部干裂,凸起,裂片剥落。
裂坑内布满玉质异化的黑色粉状炭墨物。
此勾龙造型更显朴拙,悠远:龙鼻端齐
平,截面椭圆形,有一条纵磨横阴线,延
伸至龙首前端的两侧,为闭合之唇;额上
与颌下并无一般勾形龙常饰的网纹;凸起
的双目为梭形;鬣鬃较窄较薄,基部无阴
线沟槽,鬃端似飘展扬起状;柱形龙躯两
侧腐蚀严重,已呈扁形;尾端亦平直。其
朴拙苍劲的造型,产生年代应早于三星
他拉出土的那件玉勾形龙。在把玩红山
文化玉器的过程中,此勾形龙给我两次
惊喜,使我对红山古玉的变化有了新的
认识。

51．玉龙

红山文化

高 22cm　宽 20cm　厚 3cm

51．Jade Dragon

Hongshan Culture

Height 22cm　Width 20cm Thickness 3cm

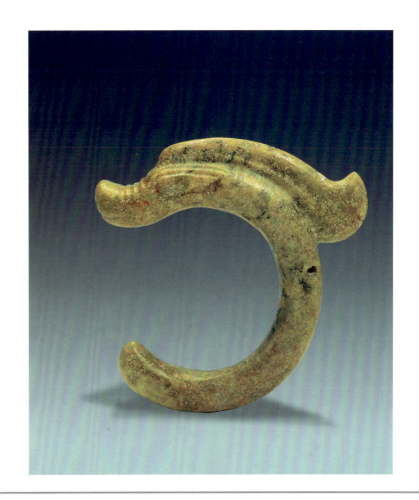

　　此龙黄玉。沁色有朱砂沁、锈红沁、金属黑色沁、白色雾状水沁；玉表纵横交错的原始磨痕清晰可辨，磨痕沁蚀较深处，为沁坑、沁孔、沁沟；包浆的晶体沿沁坑沁孔沁沟向四周漫溢、沁润，说明此龙仍在继续分泌浆质；鼻端的两只鼻孔之内有灰绿色的灰质物或沁蚀物。此龙造型，与一般典型勾形龙大致相同，但却有其独特之处：①梭形目较为宽阔，超过龙体侧面的一半之宽；②鬣鬃的基部，有一条深凹槽，槽上为棱，棱上亦为凹槽。此龙工法：柱状龙躯之表面，有明显的凹凸不平之感，可见为手工刮磨，在放大镜下，可见纵横交错反复磨制之痕；阴纹线槽之内，有先横磨然后竖磨的痕迹，这是红山玉器磨制阴纹线槽较为普遍运用的磨玉工法。此龙是一件不可多见的红山文化玉器。

52．玉环形龙
红山文化
高 4.9cm　宽 5.8cm　厚 1.7cm
52．Circle Shaped Jade Dragon
Hongshan Culture
Height 4.9cm Width 5.8cm
Thickness 1.7cm

　　此环形龙黄玉。沁有灰褐、红黄、黄白色云雾状斑簇，玉表有破皮沁与沁坑。龙首额上、侧面为直角形角，正面两角之间的断面为角形的凹槽。双目前凸，上下长。龙唇向前下方翘凸，似猪唇，或象鼻，或獠牙。龙首之后的环状为龙身。龙身中间有对穿大孔，孔外大内小；大孔之上方有小孔，穿孔之法与大孔同。此器与良渚文化中的圆形玉猪形佩十分相似。但此佩穿孔之法是红山文化玉器之特征，其黄玉亦是红山玉器普遍选用之料。此器玉质纯净，沁蚀较轻，是一件不可多得的红山玉器。

何为汉代双钩碾琢法

何谓汉代双钩碾琢法？双钩，运用在玉器上，是什么样子？是不是琢饰平行的两条阴线，就叫双钩？

清代孔尚任《享金簿》中提到汉代双钩，但无法知其为何状：汉玉羌笛色甘黄，如柳花。吹孔之下具三孔，双钩碾制，肖形竹节。明代屠隆《文房器具笺·印章》，古印章用力精到，篆文笔意不爽丝发，此必昆吾刀刻也，即汉人双钩碾玉之法，非后人可拟。他认为汉代双钩即是周代的昆吾刀法。昆吾刀者何？仍不得要领。支圆的《记响拓玉印谱》云，响拓之法与双钩异，双钩就印文四周作飞白形，响拓则填白为黑，一丝不溢，盖飞白仅形似，响拓必须神似也。此解释，双钩法，却是印章的阳刻，响拓为阴刻。这与汉人碾琢玉品的双钩法，相去千

里。《清秘藏·论玉》(明代高濂语)，古玉人做法，后人俱可得其仿佛，惟卧蚕纹、双钩碾法，恐非中古人所能办耳。对汉代双钩的解释，支圆是张冠李戴，明代屠隆是以周代汉，《清秘藏》只道其难未言其状。《清秘藏》那段文字的注释，引用明代高濂《燕闲清赏笺·论古玉器》的解释："汉人琢磨妙在双钩碾法，宛转流动，细入秋毫，更无疏密不均，交接断续，俨若游丝，白描毫无滞迹。曾见汉人巾圈，细碾星斗，顶撞圆活。又见蟠虎，云霞层叠穿挽，圈子皆碾双钩，若堆起飞动。……此岂后人可拟。……尚存三代遗风，若宋人则刻意模拟，力求形象，徒胜汉人之简，不工汉人之难。而双钩细碾，书法卧蚕，则迥别矣。"高濂这番话，有几层意思：

1、双钩与细碾是两回事；

53．玉龙首蝉身形饰

红山文化

长 7cm　宽 2.3cm　高 4cm

53．Dragon-headed Cicada Torso

Jade Ornament

Hongshan Culture

Length 7cm　Width 2.3cm　Height 4cm

此饰碧玉。沁为黄褐色、红褐色、黄白色、灰黑色及黑色；玉表有沁疤与沁沟（沿瑕沁入）；玉内沁为云雾状、花枝状及网纹状。此饰造型，为侧置的一字形或锤子形。龙首正面上宽下窄；在额上与头后磨楔形槽，槽两侧为端尖根阔的一双龙耳；龙目十分圆凸硕大；鼻梁上磨三条弧形横纹槽；正面唇端为指尖形，侧面为楔形。龙首与蝉身之间，其上与其下之深凹为颈；颈后为蝉身；背上琢Ш形纹，为蝉翼；腹部磨三条横纹阴线，以示蝉腹蠕动之节。此玉饰的所有阴纹线槽与腋窝处，均运用横磨工法。翅肩上一对斜穿孔，为喇叭状。蝉，由蠕动的幼虫，化为僵直的蛹，再变为声动飞舞的成虫。大惑不解何以致此的红山古人，对其化育过程不能不充满神秘感，富于联想的红山古人极可能由蝉想到人，想到自己，想到生命与灵魂的神秘；神秘之蝉再与神秘之龙结合为一体，则更加富于神秘感。这样的玉饰，定会使红山古人产生对神秘的诱惑与困扰的同时，亦定会产生对神秘物的景仰与崇拜。

2、双钩细碾极难工，后人无法模拟；

3、双钩碾法是指宛转、均匀、细如秋毫之刀法。

高濂的解释，是关于汉代双钩碾法，最为详细的文字。高濂是观赏汉玉并真正通晓汉代双钩碾法的古人。汉代双钩细碾的阴线的特征就是：一是细若秋毫；二是流动宛转，三是疏密均匀，四是断续若游丝，五是顶撞圆活。他对汉代细阴线的观察，真是细致入微。用二十倍放大镜观察汉代的细阴线，沟口一般宽为0.15~0.2mm，两坡陡直；沟线均为砣磨，沟底侧面图为波浪∽∽∽状，即疏密均匀，断续若游丝；圆转处呈∽状，如扇骨之状。这些特征的确为双钩阴线的外部特征，即细碾之法；其双钩的根本特殊之处，则在于其阴线的沟底——从上向下垂直观察(用放大镜)，有两条狭窄平行似轨道的"双钩"。汉代细阴线的这种特征，便是其时代特征，亦是宋人以及明清乃至当代人都无法模拟的工法。遗憾的

是，高濂在谈汉代双钩时未尽此意。

双钩阴线的碾琢法，起源于红山文化玉器。红山文化玉器多为磨工，磨棱凸，粗阴线开槽后亦磨圆沟底；但是细阴线则是双钩阴线。《中国古玉全集》第一卷中的红山文化玉猪龙面部的细阴线，就是双钩阴线。从商代以后，到战国中期，古玉上再不见双钩碾琢的阴线，其实，这一千多年中已经失传。但在战国晚期的玉器中开始重见双钩碾琢的阴线，《中国古玉全集》第三卷战国晚期的玉品，图301镂雕龙凤的边缘阴线与图305出廓玉璧的卷云纹，均是运用双钩碾琢法，其纹饰的沟底均有双条沟痕。西、东汉玉品中，普遍运用双钩碾琢法砣琢较细的阴线。本人的汉代乙字纹碧玉虎的阴线纹，就是运用典型的双钩碾琢法。汉代双钩碾琢法、周代昆吾刀法以及良渚文化浅斜纹细阴线刻划法，均为我国玉器史上琢玉刀法之绝技与奇迹，其法现在均已失传。

54．　玉鸮犬复合式兽首
红山文化
高4.3cm　宽4.5cm　厚1.6cm

54. Owl-and-dog Combined Animal
Headed Jade
Hongshan Culture
Height 4.3cm　Width 4.5cm
Thickness 1.6cm

　　此兽首青玉。沁为甘黄、灰黄、灰黑、铁青；上端有簇状蜂巢孔。此兽首为鸮犬复合式：上部为鸮,鸮首人面,双目硕大凸起,似乎有一种警觉而追视的艺术效果；鸮面两侧是圆隆而肥阔的振翅双翼。鸮之双翼,一形两用,亦是猎犬下垂之一双大耳；大耳之下便是犬面,犬面上宽下窄；一对凸目的底部横磨阴纹线环,以突出双目之机警；目下三角形锥体的棱面为鼻梁,左右两个三角面的底部各磨一个

圆坑,为鼻孔；鼻端为三角形截面,截面上磨深而宽的一面坡弧形凹槽,为闭合之嘴。此器背面虽然磨平,但仔细抚摸,却有高低不平之感；上端有一对斜穿象鼻孔。此器所有阴纹线槽与窝凹处,均运用与阴纹线槽的方向垂直的横磨工法(槽内均留有横向的磨痕)。此器体现了原始先民对鹰鸮的崇拜,并体现了人类对其驯服的第一个朋友——犬的亲密乃至关重要的关系；鹰(鸮)犬同是靠狩猎为生的先民的朋友。这两者的结合,显而易见,表明原始先民对财富猎获的期望与祝福。能够驯服鹰鸮与猎犬,在红山时代肯定是本领卓尔而不群之人,能够佩饰此鸮犬复合式饰物者亦绝非普通之人,因此可以判断,此饰物即使在红山时代亦非寻常之物。时至五千余年之后的今日,更非寻常之物。

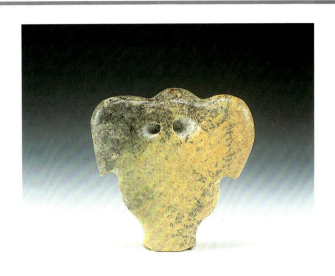

汉代三种刀法

　　明清古玉玩赏家说，汉代刀工刚劲有力。刘大同在《古玉辨》中说："至西汉刀工，有豪放气，故有汉八刀之称；东汉三国之刀工，皆宗西汉无大变化。"刘说汉代刀工如汉八刀般粗放。明代高濂《论古玉器》说，汉人琢磨妙在双钩碾法，细如秋毫，俨若游丝。高说汉代刀工细若游丝。傅忠谟在《古玉精英》中说，汉代"阴线仍是砣成，但线沟均磨光"。傅说是概括汉代所有刀工的制法与特征。

　　汉代刀工，究竟什么样子？

　　不明了汉代玉器之刀法，就无法断定汉代玉器之真伪。

　　经过观察比较汉代玉品，发现汉代大致有三种刀法：

　　1、粗刀。玉面刀口开沟较宽，坡度较小，沟底较浅，所谓汉八刀是也。汉代晚期，刀开口变宽，坡度变平缓，沟底变浅。此刀法的横截面为⌣形，观察沟底，侧面（纵面）走向为〰〰〰平缓波浪形曲线，凹处较平较长，弧的长度较长，此种刀法多用于鸟兽龙的尾部、臀肩窝处，以及图案的主要轮廓的部位。

　　2、陡刀。玉面刀口较窄，坡度陡直，沟底很深。此刀法的横截面为⋃形，观察沟底，侧面走向为〰〰〰陡立的波浪形，浪谷深，浪与浪的间隔较近。动物、人物或图案的眉目或主要纹线，运用这种刀法。在粗刀的沟底部也往往加用陡刀，以加深加重粗刀显示的效果。

　　3、细刀。玉面刀口窄浅，线条很细。此刀法用于短线纹、网纹等辅助线纹、或细浅纹饰。纤巧的小佩件上常常运用此刀法。此线沟底亦有弧凹走向，纵面呈现平缓波浪状，较宽的细线的沟底两侧有两条平行的更纤细的沟状痕，此乃所谓汉代双沟线（双沟刀法）是也。其实，这种"双沟"细阴线在红山文化玉器上已经运用，玉猪龙眼圈外的棱凸之间常常加饰这种双沟细阴线。

　　这三种阴线的沟底，均呈现高低起伏的波浪形状，因为汉代以前古玉阴线均砣磨，砣轮有薄有厚，边刃薄者开沟线细，边刃厚者开沟线宽，沟之深浅在于砣轮压玉之力度大小。

　　重器、大器，运用粗刀与陡刀较多；纤巧小型佩件，或玉器上的精致纹线或辅助细纹，运用细刀较多。

　　不管粗刀、深刀、细刀，所有线的起端处的开口，都呈现枣核形，或线的两端都是尖角形。因为运用砣具开沟，或是由尖锥形石刀具，或是由截面为角形的金属刀具开沟。

　　如果运用高转数而锋锐的当代细尖锥形金属工具，制造仿汉代玉器，只能工其形，绝不会有古代刀法的特征与效果。

55．玉龙凤并体式饰
红山文化

长 13cm　**宽** 3cm　**高** 6.5cm

55. 2-in-1 Dragon and Phoenix
Jade Ornament

Hongshan Culture

Length 13cm　Width 3cm

Height 6.5cm

　　此饰青白玉。沁色青灰、微黄；玉表钙化；沁孔多为蜂巢状、较深，孔内呈核桃状，阴线槽内、鼻孔与穿孔内均有不可人为之孔洞。此佩饰，不仅出土文物未有记载，就民间流传的红山玉品中亦少有发现，它应是我国古玉中最为古老的龙凤佩。它只取其龙首与凤首，合二而一。龙是典型的红山文化玉勾形龙首，但有其独特性：鼻唇长，嘴线长；梭形目只琢磨前半部分，眼角较圆稍尖；龙首鼻唇

上的棱皱并不像一般龙在鼻唇的前端，而是贴眼角很近。凤首：双目硕大圆凸；喙为鹰鹗之喙，宽而短；凤冠恰恰是红山文化玉勾形龙的鬃鬣的形状；在此，龙目只琢磨前部一半，鼻皱棱贴近双目眼角的用意，方一目了然：龙目未加琢磨的后部的一半，恰在凤的颈后，眼角较尖圆的龙目正是凤的双翼；而贴近眼角——翅端的棱皱纹（龙之鼻唇上的皱棱），正是凤尾上的横纹（凤身与尾的分界），翘起的龙唇正是翘起的凤尾。此饰缩减龙躯与凤身，精心安排两用的纹饰，塑造了艺术价值极高的龙凤合佩。另外，在龙首下颌处琢有一个╳形符号，其深度与头上的阴线凹槽的深度相同；红山玉品带有符号者，如凤毛麟爪，符号所含之意有待诸家进一步探讨，颇具研究价值。此龙凤佩是红山玉器中罕见之精品。

56．玉龙首凤身鱼尾形佩

红山文化

高 8.7cm　宽 6.2cm　厚 1.2cm

56. Dragon Headed Phoenix Bodied

Fish Tailed Jade Ornament

Hongshan Culture

Height 8.7cm Width 6.2cm

Thickness 1.2cm

　　此佩黄玉。沁有黄色土斑、甘黄色结块、灰黑色花簇。造型极富想象力与创造性：头为勾形龙首，身为振翅之鸟状，尾为勾向内侧的扇形鱼尾；整个身形呈 C 形勾龙之状。它具备龙的神圣与尊严，具备鸟类自由翱翔之理想，又具备水族可游可潜之广大神通。因而，它超脱了普通动物的族群，已经升华为地地道道的神鸟、神兽、神龙融为一体的神的形象。它把红山期古人的神圣观念、美好理想、艺术造诣呈现给五六千年之后的我们！从它的磨工与钻孔的特征看，从它的造型与风格看，我们无法怀疑它制作的真实性、奇绝的新颖性与高超的艺术性。

57.　玉方形人面佩

红山文化

高 4.3cm　宽 5.2cm　厚 0.6cm

57. Square Human Face Jade Ornament

Hongshan Culture

Height 4.3cm Width 5.2cm

Thickness 0.6cm

　　此佩青玉。沁色青灰，玉理内部有灰黑、黄灰、黄白色纹脉，玉表有纤细的沁沟与微小的孔簇，背面沿磨痕沁有平浅细小的蚀坑。此佩方形，四条边棱外凸，使面部比一般四边形宽阔，利于面部器官的部局与表现。上部边棱中间磨出角形豁口，这可能是表现额上的发型，抑或暗示因其发型所明示的性别（我们并不明

了古人抽象的发型所明示的性别）。佩正面平凸，背面直平。在平凸的面上磨出核形双目与较窄的核形扁口，目中间磨出横纹阴线，以示目瞳，口中间亦磨出一条较浅的阴线，以示其上下为双唇，鼻为凵形。主要阴线槽加深，两侧磨出较宽的坡，因而使面颊眉棱与嘴唇凸出，因而使面部产生一种微妙的立体感。可见红山古人塑造形象简约而高度的概括之背后，却蕴涵着深思熟虑与高超表现力的艺术才能。尽管大汶口文化中亦有类似此佩的造型，此佩仍不失红山文化玉器的磨工的特征。此佩平直的背面上部，一对斜穿孔，地道喇叭状，为典型的红山文化玉器穿孔的特征。

58．玉双面人面形佩

红山文化

高 4.8cm　宽 3.2cm　厚 1.3cm

58．Double Human Faced Jade Ornament

Hongshan Culture

Height 4.8cm　Width 3.2cm

Thickness 1.3cm

此佩黄玉。沁有红褐、黄褐、灰黄色；玉内沁呈云雾状、结块状、花簇状；玉表磨痕沁为麻坑或坑状。造型出奇：两侧两个椭圆面，交错接合，一个面错上些，另个面错下些，两个面之间磨深凹槽，两个面的边缘磨棱。面错上的一侧为女性之面：双眉弧弯，鼻子小巧，目圆凸，圆中间钻圆坑为眼瞳，嘴在一条横阴线下磨

一面坡弧形凹槽，为一幅小口微开之状；双眉上为一对斜穿孔，孔上中间钻圆坑以点缀面额。面错下的一侧为男性之面：斜上穿的双孔为目；目下等腰三角形(腰长)棱凸为鼻；鼻下椭圆形凹坑为口，口内两侧有两条较深的隐槽为犬齿；额上钻圆坑为面饰。此双面人面佩，罕见，是男性与女性皆可佩戴的饰物。女性之面向上错，略高于男性，而男性之面则低于女性。此种结构与布局，绝非随意而就，女性高于男性，重于男性，应是母系社会的现象，红山鼎盛时期，大约是黄帝时代，已经发展为父系社会时代，那么此佩则保持母系氏族社会之遗风。此佩玉质、沁色、造型均为上乘之玉品。

59. 玉双面人面斧形器
红山文化
高10.3cm 宽5.8cm 厚2.4cm
59. Jade Double Human Faced Axe
Hongshan Culture
Height 10.3cm Width 5.8cm
Thickness 12.4cm

　　此器青白玉质。玉表钙化，沁有点状、花簇状、网状灰黑色；斧柄与斧刃的残缺处均沁为坑疤状，玉面上的磨痕均沁深沁阔(在放大镜下观察)。

　　红山文化玉斧，一般刃宽柄窄，弧刃两侧磨坡，斧的两个侧面隆起，斧身两侧有圆脊，斧柄的顶端或有棱，或为平截面。此斧从女人面纹一侧的三处残缺部位看，在琢磨纹饰之前曾作为工具使用，穿孔的右侧与刃处崩残，一个侧棱有裂，均为使用之所致残；残后，便琢磨纹饰改为饰器，此斧便完全失去工具斧的功能。根据有三：其一，在刃的坡面上钻出对穿孔，可穿绳系挂；如果再作为工具使用，已不如无孔坚实耐用。其二，两面琢出人面纹，玉斧的生产功能已经完全演变为欣赏把玩的美化饰物，亦为更加宝贵的财富。其三，玉斧大多由男性使用，此饰

则一侧琢饰男性面纹，另一侧琢饰女性面纹，男女皆可佩用，皆可对异性产生向往之情愫，皆可作为爱情誓物珍藏。因此，它不可能再作为生产工具使用。

两侧的人面纹，琢饰十分注重变化：男性的眼睛，前眼角圆，后眼角尖，似倒置的降落伞形，眼瞳圆；眼眉，为对接的弧纹棱(棱两侧为深凹槽)；眉棱与方棱形的鼻相连，鼻端磨圆，有直挺之感；鼻端两侧琢磨八字纹棱为胡，八字胡之下琢弧形，为口。领下饰斜网纹，应是颈部的衣饰之纹。整个面部细节，表露出一种深邃、威严、持重之感。女性的眼睛，是

典型的大而阔的杏核眼，不琢圆瞳，以显其大，美丽端庄；弧形棱双眉，比男性的弧度大，在眉梢处有上挑之弯，而且眉棱与男性的较窄细，这实在近似后人所称的又弯又细的柳叶眉，可以说秀气魅人。鼻棱为高长的等腰三角形，力图表现女性鼻子美的特征。口为方形，亦是力图表现女性之笑口言开之状。脖颈亦琢饰斜网纹，示为衣饰纹。此佩饰两面的男女人面纹，与红山文化一般扁平状玉饰上的人面纹，几乎形成同一模式，这种规范的装饰性纹样，已充分表明红山文化期古人的审美情趣与审美追求；此男女人面纹，亦可能是

远古人崇拜景仰的祖先形象。

这件玉饰线条的磨制，是典型的红山文化早期的磨工。所有的阴线线槽与阳纹凸棱上的斜坡，尽管线条深刻、宽阔、均匀、柔和，但是可见槽面、坡面、棱面的衔接并不规整，有反复磨制、不断校正的磨痕；穿孔内壁未有完整的圆形螺旋，钻面凸凹落差较大，凹瓦形的旋面十分破碎，钻工十分原始；玉器面上的磨痕较为粗糙，可见刮磨器与研磨之沙粒较粗。由此可断，此佩饰是红山文化期较早的玉品。

60．玉变形人面纹佩
红山文化
高 4.5cm　宽 3.7cm　厚 1.7cm
60. Transformed Human Face
Pattern Jade Ornament
Hongshan Culture
Height 4.5cm Width 3.7cm
Thickness 1.7cm

此佩为煤精。玉表有沁坑、沁疤，有剥蚀脱落征状，玉皮沁饰脱落处光滑细腻，有油质感。此佩造型：以面部鼻梁为中心，中间凸起，两侧为坡面，鼻翼两侧

的八字纹棱为胡，鼻梁向两侧斜上方延长的弧线线棱为眉，亦为耳；眉、鼻、胡，构成X形纹棱，棱两侧的凸目为枣核形，向上斜立，以显其威怒之状；八字胡棱之下的紧闭的嘴棱为弧形，下弯，有一种矜持傲慢不屑一顾之神态；额上有一个圆凸，与红山玉器的雏龙之角颇为相似。此面，既像人面，又像神面，既具有人性，又具有神性，可能是压邪之器物。背面中间有一竖棱，棱两侧磨较宽凹槽，槽两侧微隆，竖棱上端两侧有斜穿双孔。这是一件较为罕见的红山玉佩。

61. 玉人首龙身玦
红山文化
高 3.8cm　宽 3.3cm　厚 1.4cm

61. Human Headed Dragon Bodied
Jade Jue
Hongshan Culture
Height 3.8cm　Width 3.3cm
Thickness 1.4cm

　　此玦青白玉。沁为雾白色、黄褐色、红褐色、黑紫色；玉内沁色呈云雾状、毛纹状、花簇状与结块状；玉表的凹槽、眼球、孔穿内均有沁洞。此玦人首为侧面剪影之状：凸额，椭圆形凸目，凸棱为鼻，鼻下深凹为口，玦口之上的棱为下颌；额上延至孔下颈后的棱面，为发型，似乎是女人发型。面部的高额、大目、高而尖的鼻、尖之下颌，棱角突出，端庄，高贵，优美，俏丽，其状颇似古埃及王后的侧影。披发之棱以下与玦口之间，仅有玉器的三分之一部分，是简单无饰的龙身。此人首龙身玦在红山龙玦中，堪称独一无二。

汉代卧蚕纹制法

古书上言及的所谓卧蚕纹，就是乳凸谷纹。谷纹，是汉代以前玉器上出现较多的纹饰。

谷纹，形似标点中的逗号，又像○字，又像蝌蚪，郭沫若称为蝌蚪纹。玉器上的谷纹有两种，一种在玉器平面上琢出；一种在玉平面之上的乳凸上琢出，谷纹的尾巴在平面上，谷纹的弯体沿乳凸螺旋向上。谷纹是较小而密集排列的一种纹饰。

玉器上有序排列的乳凸，叫乳丁纹。在乳凸上再琢饰○纹，的确不是轻而易举之工。《清秘藏·论玉》中说："古人做法，后人很得其仿佛，惟卧蚕纹，双钩碾法，恐非中古人所能办耳。"明代高濂在《燕闲清赏笺·论古玉器》中言及此番话之后又说："宋人则刻意模拟力

求形象，徒胜汉人之简，不工汉人之难。而双钩细碾书法卧蚕则别矣。"可见，卧蚕纹即乳凸谷纹，不仅中古人难为，即使工艺水平高超的现代人也难以操作。

经过反复观察研究汉代卧蚕纹，谷纹排列之有序、大小之一致、碾制之精、刀工之严谨，后人简直是可望而不可及。

谷纹碾砣之前，必须先碾砣乳凸。观察汉璧上的谷纹之间的碾砣痕迹，可以看出做工的程序。首先，磨平玉璧原料的平面，在平面上划出若干均等的平行四边形格子，在平行四边形的两个锐角内分别划出平行线，这样在每个平行四边形内就形成一个等边的六角形：形如✡。然后，运用平直而狭窄的磨器沿着六边形的六条边，碾磨所有的

（下转 159 页）

62. 玉抚膝蹲地式人
红山文化
高5cm 宽2.1cm 厚2.4cm
62. Hand-on-knee Couchant
Human Shaped Jade
Hongshan Culture
Height 5cm Width 2.1cm Thickness 2.4cm

此玉人青玉。玉表沁有黄色土斑与缕状灰色；玉表有平浅的沁坑与磨痕的沁迹；玉内有白点白片云雾状沁。玉人造型为抚膝蹲地式。侧面为老妪形象：额高凸

隆起，双目扁凸，鼻小微凸，嘴前凸，似
玉猪龙之嘴，耳长梭状，耳后发髻斜凸，
饰短棱为发缕，应是老妪之状；发髻与肩
相连，无颈，髻下穿一对斜穿孔，头下缩，
亦是年迈之状；腿下蹲，双手修长；抚
膝，虽未琢手指但可意会，腋下有一对
孔；双足并拢，足间亦穿孔。玉人有五个
穿孔，应是最为古老而原始的立体玉人
镂雕的特征。红山文化玉器中玉人，出土
文物可能寥寥，民间流传的红山玉人却
为数不少，大件玉人也屡有所见。但此玉
人玉质如此光洁剔透，尚未曾见。

63．　玉鸮攫人首佩

红山文化

高4.8cm　宽2.9cm　厚2.3cm

63. Owl-Catching-Human Head　Jade
Ornament

Hongshan Culture

Height 4.8cm　Width 2.9cm

Thickness 2.3cm

　　此佩黄玉。沁为红褐、紫红、黑紫、黄白诸色，玉表有蚀坑、蚀孔，玉内色沁呈毛纹、缕脉、花簇、云片等状；此色沁为古玉之天然沁色的自然变化状态，是

不可人为仿制的。此佩造型，横截面近似等腰三角形。上部分为鸮，鸮胸之下为人首。鸮喙端、人额与鼻端之棱，为本佩正面的脊棱，分别在喙下、在额下，在鼻下磨剖开豁口，以琢磨各部分器官之形。喙下两侧分别向斜上方磨棱，棱顶端磨圆，垂直向下，构成双翅之边缘；棱内磨深而宽的凹槽，凹槽之内亦磨棱，两个侧面便完成鸮喙与双翅之形；喙上端为双凸目；鸮胸腹之前随其鸮形琢出上窄下宽之人首：鼻尖凸，额圆凸，鼻下之唇在两条横

磨内凹的阴线槽之间凸出；双目与双颊，均在横磨阴线槽之间凸现。此佩充分运用横磨阴线槽之工法，琢塑艺术形象；凹槽有宽有窄，有深有浅，有平面有斜坡，鸮翅上凹槽宽而平，人面上凹槽窄而陡；工法娴熟，布局精当，结构严紧，章法有致，是一件精绝玉品。鸮背面琢法与穿孔与一般红山鹰鸮相似，不同之处：尾部琢磨为瓦脊状，底部平而向前延伸，与人首下颌合而为一，这恰恰表现了鸮攫猎物时由于双爪用力而尾向前收拢之状势，这亦是红山古人琢玉塑造艺术形象的微妙构思之处。

64．玉龙首飞人佩

红山文化

高 4.3cm 宽 2cm 厚 3.8cm

64. Dragon Headed Flying Human

Jade Ornament

Hongshan Culture

Height 4.3cm Width 2cm Thickness 3.8cm

　　此佩青绿色玉。沁蚀较轻，有白色、黄白色、红黄色、黑色沁；玉内沁呈饭糁状、云雾状、花点状；玉表有较浅的毛孔状沁坑。此佩造型富于想象力，龙首长在人身上，即非人非龙，又胜于人胜于龙；

人身上生长翅膀，能升天致远，真乃神人。此佩表现了红山古人梦想升天为神的观念与理想。其飞（神）人的组合与做工，每个部分并不见得怎么出奇：龙首，是玉猪龙玦的龙首；翅翼，是红山玉器中较普遍的鹰鹗之翼（此佩只不过作并翅滑翔状）；人身，亦是红山玉器中出现的蹲腿或跪腿玉人的形象。但将三者的主要部分截取出来，组合成一件崭新而奇异的玉品，这就需要有艺术想象力与艺术结构力，并要以观念的升华与突破作为前提条件。此佩对研究红山玉器，尤其研究红山古人具有相当的价值。

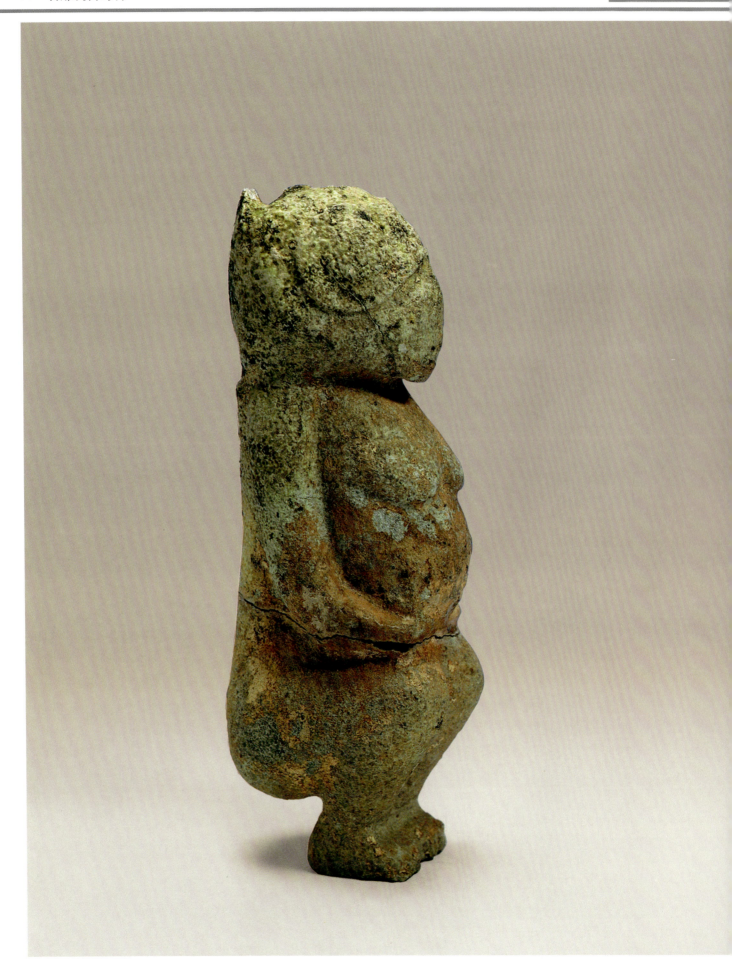

65. 石雕鸮首母神

红山文化

高 23.6cm 宽 7cm 厚 8.7cm

65. Stone Carved Owl Head Goddess

Hongshan Culture

Height 23.6cm Width 8.7cm

Thickness 7cm

　　此品似乎是石雕。遍体沁蚀为深沟
深坑，沁色为土黄、锈黄、青灰、翠绿等
色，并局部有玻璃光，似乎又是玉雕。造
型：头为鸮，大眼廓有棱凸，棱凸之内的
圆凸为眼球；鸮喙粗短；头后向上直竖
两只尖耳，这是鸮的特征之一。身为孕
妇，一对丰乳之下是即将分娩之孕妇的
便便大腹，双手作捧抱不堪坠负的大腹
之状；腿为蹲式。此器可能是鸮氏家族供
奉的保护族群昌盛、子孙兴旺发达的生
育之神灵。

66． 玉璇玑
夏商
外径5cm　孔径2cm　厚0.6cm
66. Jade Xuanji
Xia to Shang Dynasty
Diameter 5cm Internal Diameter 2cm
Thickness 0.6cm

　　此璇玑白玉。沁为橙黄色、黄褐色、
红褐色；有沁坑、沁洞、沁沟、沁疤；玉
内沁呈云雾状、瓷裂状。其造型，孔大，
三个齿牙同一个方向，均有刃棱，刃棱上
有残缺与瑕裂纹。因此，它除佩饰之外，
可能还有刮削、按压、或划印儿等用途，
而绝非观天之用。其造型精巧，沁色美
艳，是一件十分难得的玉器。红山文化的
玉璇玑，三个齿牙部分，或为三条猪龙，
或为三条鹰鸮，或为三只蝉，其形象为性
行为(传宗接代、生命延续)的内涵；随着
社会文明的发展与进步，到夏商时期，性
的内涵已经淡化隐去，龙鸟之首大多已
被齿牙所替代。

(上接149页)

直线，当直线低凹下去时，每个平行四边形中的等边六面柱体便凸出来(如果工夫到此为止，玉面上的纹饰便是蒲纹)；然后，将一个个六面体的凸起磨成乳凸(磨制乳凸，可能另有特殊工具)；然后，再在一个个乳凸上碾琢卧蚕纹，即谷纹。璧上的谷纹排列工整有序：每隔一排谷纹的尾巴是同一个方向，每相邻一排谷纹的尾巴方向则相反；玉环上的谷纹排列，往往是一对一个方向，左右相邻的一对则相反。谷纹的碾砣极为认真，尾在乳凸底部的平面上，往上沿圆凸螺旋攀缘而上，最上端是一个较深的涡心。整条谷纹，是由一段一段的侧面如若干凹形(即⌣形)的碾砣沟槽衔接而成，谷纹的尾端碾砣痕迹渐浅渐细渐尖，谷纹的上端沟槽渐深渐宽渐粗，终点构成深涡状；娴熟工致的碾砣痕迹，在涡状的外壁上留下工具逐渐旋转的扇骨形痕迹，即⌣形。在直径与高度只有两毫米或小于两毫米的乳凸上碾砣谷纹，完全手工操作，工具之微小，动作之审慎，操作之艰难，可想而知。

如此琢饰谷纹的玉品，不仅是宋代人不可仿制，就是工艺水平高超的现代人也无法操作。有人说现代伪造古玉者无所不能，这实在高抬了伪造者的本领，这也太低估了汉代古人制玉的超卓之举。现代人仿制的谷纹，玉地上的格子弯曲不直，宽窄不一；谷纹的刀痕直长，根本没有旋转有致、断续节制的古法古韵，绝无扇骨形的细密的碾砣痕迹；谷纹的排列，参差不齐，杂乱无章。须知，汉代人制作一颗谷纹，需一刀一刀碾砣，一颗谷纹需9～11刀琢成，要用去相当的工夫，何况制作一枚谷璧要琢几十乃至几百颗谷纹；如果今人仿制，别说没有那个时代的工具与技法，即使有，急功近利的现代人也不会为制作一枚谷璧，花去几个月甚至几个季节的工夫！

检验、推敲玉品上的谷纹，是鉴定汉代以前玉品最可靠的方法。

67．玉璇玑
殷商
高 6.4cm　宽 6cm　孔径 2.8cm
厚 0.6cm

67. Jade Xuanji
Yin to Shang Dynasty
Height 6.4cm　Width 6cm　Thickness 0.6cm
Internal Diameter 2.8cm

　　此璇玑白玉。沁为杏黄色、云雾状白色；玉表沁有平浅的坑疤与微小的毛孔状坑点。此璇玑造型不甚规则，一般璇玑有三个齿牙，此器则有两个齿牙，牙上有棱刃，齿牙之后有一排小齿；第三个齿牙部位却是弧刃形棱。此器中孔较大。棱刃均有使用的痕迹，应是刮削器具。商代中晚期的璇玑大都十分规则，此器应是商早期玉品。那志良的《中国古玉辞典》2139、2140 号两图均是殷商时期不规则的玉璇玑。此器有玻璃光泽。清代蔡可权《辨玉小识》中曾说，当时的人特别注重玻璃光的古玉。又说，所谓玻璃光，此其玉质之坚固逾于常玉，要么无不出干爽之土。他说的是两层意思，一、玻璃光古玉坚硬于一般玉；二、出于干爽之土，沁蚀极轻。他分析是正确的。还有一条，就是此玉表面之细腻，很明显，除研磨精细之外，就是经过古人经久使用或佩饰把玩，玉入土之前表面已光滑细腻，因而沁质不易沁蚀，沁浆泛出，在细腻的玉面上就形成所谓的玻璃光泽。

三、玉色与玉沁

古玉器何种颜色为上

古玉器的颜色有两种：一种为地章之色，即玉本色；一种为受沁之色。《玉纪》(陈原心)、《古玉辨》(刘大同)认为玉有九色：玄(璺)、蓝(碧)、青(珽)、绿(玞)、黄(玵)、赤(瑔)、紫(璊)、黑(瑎)、白(瑳)。其实，天然玉并不只有九色，蓝与碧是不同的两种颜色，如果加上这九种颜色的边缘或过渡颜色，那么天然玉色也不止十几种。古玉器受沁之后，其颜色种类更多，但同一块古玉器的沁色，一二种较多，三四种常见，五种以上者就不多见。

古玉器本色与沁色多种多样，到底哪种颜色为上品呢？

明曹昭《新增格古要论》认为，古玉器物白玉为上，尸古最佳。白色为上，其实是根据孔子玉比君子之道德说，廉而不刿义也，应是指白玉。所以，孔子以后，白玉就列为皇帝的用色。明高濂《燕闲清赏笺》认为：以甘黄为上，羊脂次之。清谷应泰《博物要览》也认为，玉以黄为上，羊脂次之。以黄为中色，且不易得；以白为偏色，时有得者。章鸿钊《石雅》也支持此说。黄色为上，是根据《周礼》礼天地四方的六器所占位置而定。苍璧礼天，黄琮礼地，东南西北的代表色是青赤白玄，黄居四方四色之中。黄色为上之说，其根据是阴阳五行说。张应文《清秘藏》认为，色以红如鸡冠者为最，黄如蒸粟者次之，白如截肪者次之。　清徐寿基《玉谱类编》认为，甘红最不易得。《古玉辨》、《稗史类编》也认为，血古尸古为最贵。唐氏衡诠《玉考》认为，血玉为佳。清刘心瑶认为，赤玉人间罕有。赤若鸡冠，而又有白玉底章，无上妙品也。红色为上，显然是从由于珍稀佳妙难得因而更具经济价值、收藏价值与审美价值的角度而论之。

关于玉色，还有其它观点。

有根据古玉器物之功用而论色。李逎宣《玉说》认为，无纹饰

68．玉瑗

商代

径 9.5cm　孔径 5cm　厚 0.5cm

68. Jade Yuan

Shang Dynastry

Diameter 7.5cm Internal Diameter 4.5cm

Thickness 0.5cm

　　此瑗青白玉。沁为红褐色、黄褐色、
蟹青色、灰白色；玉内沁浑浊，浓重；玉
表有点片状银白色金属沁，有沁坑及小
沁孔。孔壁留有螺旋棱。此瑗最迟亦不应
晚于西周早期。

有祀天地神祇的苍璧黄琮青圭赤璋白琥玄璜皆重其色相。这些礼器的本色都重要。刘大同《古玉辨》则认为，有沁色的礼器都贵重。朝会所用之玉，出土者以带有黑漆古、铁莲青、朱砂斑、酱紫斑、茄皮紫、鹦鹉绿、鸡骨白等色沁为最贵。清陈之龙《格致镜原》认为，只要是古玉品，沁五色为神品。《古玉辨》认为，玉得五色沁，胜得十万金。刘大同还认为，不受沁不受土蚀保持原本之色的古玉，颇不易得。刘心瑶《玉纪补》也认为，纯一不杂的古玉，属于尽美之玉。清瞿中溶《奕载堂古玉图录》认为，玉备五色，各以纯为贵。色彩丰富与色彩纯一，都是古玉佳品上品。

到底古玉之何种本色何种沁色最为上品？自古就众说不一。佚名的《欣如说玉》认为，所好不同，论调各一，盖无定平。刘大同在《古玉辨》中概括好古玉之派别：凡好古玉者，其学深浅程度不一，故人

有癖：有以玉质为贵者，有以玉色为贵者，有以玉色沁为贵者，有以花纹为贵者，有以文字之多为贵者，有以土古不带色沁为贵者，有以色沁不露质地为贵者，有以生坑为贵者，有以熟坑为贵者，有以未经盘出为贵者，有以年代久远为贵者。

执其一色或一端，个人癖好，无可责议。但是如果从更多品类、更多纹像、更多特色、更多玉性、更为年久方面鉴赏古玉，将会得到更多体验、更多情味、更多佳品，岂不是更广阔、更崇高的赏识境界吗？

李凤廷《玉纪正误》说，专言色沁，是不求其本，而求其末。而古玉器的品类、形制与纹像，却凝聚古代的礼制、理念、宗教、民俗、美术与工艺的全部文化内涵，极具观赏性与研究价值，具有极深广博奥的品质，价值远远超过其单纯质色的价值。

69. 玉鱼
西周
长5.8cm 高2.1cm 厚0.4cm
69. Jade Fish
Western Zhou
Length 5.8cm Height 2.1cm
Thickness 0.4cm

　　此玉鱼青白玉。玉表有微小沁坑（点），沁为红褐色、灰黄色，红褐色与灰黄色呈流动状，从鱼首至鱼尾沁入玉理，玉内沁色为深透均匀的红黄色（透光可见）。鱼身造型较为宽而平，鱼唇微凸，腮为双条阴线弧纹；背鳍较长，砣平行斜纹，腹部两个鳍，亦砣斜纹；尾较宽，分叉不甚明显，上下尾端略突。其造型均为西周玉鱼之特征。商周玉鱼一般弯为璜形，西周玉鱼一般亦略弯，此鱼平直。一、可能因其玉件纤小，二、为不使此鱼更加纤小，三、可能琢此鱼的玉料原来比较平直，刚好可琢制此鱼。此鱼首先可提供周代沁状的标本，其次此鱼可为研究西周刀法的典型：①垂直细阴线砣工（腮部双弧纹），②浅细短阴线砣工（上下鳍之平行短斜线纹），③一面斜坡一面陡坡的阴线砣工（圆目、鳍与鱼身交接处的一面坡阴线的砣工）。

染 色 起 源

　　人们几乎一致认为，染玉着色，出于作伪仿古。刘大同(1940年《古玉辨》)说，按仿古之风，皆因宋欧阳文忠所著《古玉图》开其始。陈原心(清嘉道年间《玉纪》)说，宋宣和、政和间玉贾赝造新玉器皿，以虹光草染(淹)之，其色红透似鸡血。这种方法叫老提油法。明清时又产生新提油法：欲红，入红木屑中煨之，玉即红；欲黑，入黑木屑中煨之，玉即黑。起初苏州玉匠用此法，到了清嘉道年间遍地皆用。以后狗玉、梅玉、煎玉、煮玉、烧玉，仿古玉着色之法花样翻新。但如此一系列染玉方法都十分陈旧，十分拙劣，明眼人则可一目了然，并非有人所神化了的造伪者如之何可以以伪乱真，真伪难辨。当今玉色作伪的高手，早已不用这些方法，当然小作坊仍然有延用者。采取这些手法的染玉者，其目的当然是出于蒙混冒充古玉而赢利，古时或过去还可以牟取暴利。但是，现在造伪者如果仍停留在这些浅显低级的手法上，只能混碗饭吃而已，绝无暴利可图。

　　古人在玉上着色，到底是从宋代开始，还是从两晋开始(有人说是从晋开始)呢？

　　《山海经·南山经》曰，又东三百七十里，曰仑者之山，有木焉，其状如谷而赤理，其汗(汁)如漆，其味如饴，食者不饥，可以释劳，其名曰蓉，可以血(染、涂之意)玉。

　　《山海经》是秦始皇焚书中的漏网之书，西汉哀帝之年，光禄大夫刘秀组织班子勘校此经，冒险奏请皇上批准刊行。经中怪诞神话多属远古之事。东山、南山、西山、北山、中山五方山之首均有主神，设祠祭神。《中山经》曰，洞庭、荣余，山神也。其祠皆肆瘗(埋)祈酒太牢，祠婴用圭璧十五，五采惠(绘、涂、染之意)之。此处记载，祭山神，除了供酒供牛，还祭埋十五件涂染色彩的圭璧。古人涂染玉器可不是图利，而是以艳丽的色彩表达对神灵的虔诚，取悦于神灵庇护。

　　从《山海经》中，我们已经找到十足的证据，中国涂染古玉的历史至少在夏朝(四千年)以前。我们发现汉代前的玉品中有的红色或黄色极为鲜艳，可能就是古人运用色漆涂过之后，又受沁而形成的。

70. 玉凤纹系璧
西周
外径4.9cm　孔径0.5cm　厚0.6cm
70. Jade Phoenix Pattern Tied Disc
Western Zhou
Diameter 4.9cm　Internal Diameter 0.5cm
Thickness 0.6cm

此璧青白玉。原沁为鸡骨白，经盘玩，玉质复原，现在微黄；鸟首上部有沁坑、沁孔，玉质异化为黄褐色斑块，局部玉内有碎瓷般白雾状沁纹。西周至东周系璧上饰凤鸟纹较多，一般构图：凤身勾曲，翅尾亦沿凤身纹勾曲的方向砣琢，线条形成涡状，比较紧凑，有拘紧感。此璧上的凤身，在凤首颈后砣琢平行的两条圆弧纹，为凤身的轮廓，尾部呈勾形，勾接近凤喙，与较粗的弯喙形成粗细对比。身内沿喙下的阴线，饰变形(商代普遍运用)的窃曲纹；在鸟背的一侧，在距离较宽的双弧阴线之间，饰三条短平行线的两个部分为概括的飞展之双翅；在凤首之上，舒展稀疏的三条弧线纹，为延展飘逸的抽象长冠；翅与冠之间倒兀字纹，象征凤足，(西周装饰性鸟兽之足一般为兀字形)。此凤大有振翅高飞或龙飞凤舞之势，此凤喙亦比更加勾而细的西周一般鸟喙较粗较短，因此，此系璧亦可能是东周的早期作品。此璧的另一个特征，就是穿孔在凤喙与凤胸之间，一侧几乎贴压到阴线上，可见，在凤鸟形象琢完之后才穿钻系孔，穿孔较偏，一侧如在璧正中间穿孔，定要穿在凤喙的端部。

玉　皮

一块独立的玉璞，无论沉埋在泥土中，还是沙石里，经过水、氧气、金属、泥土、植物沁蚀，玉器表面将形成一层薄厚深浅不均的沁层,俗称皮壳(玉件受沁后的表面亦称为皮壳)。当代的仿古玉，较高明的手法，已不用红草沁、油锅炸、火烧炉焗、羊腿沁，而是充分利用天然玉块的天然沁色、沁面与沁体，雕琢成因料就工的玉件，在玉件上最大限度地保留天然沁的部分，然后在施刀工的部位再加以琢饰或涂饰，经过种种伪饰，致使经验不足的古玉爱好者认为是远古玉或者老三代玉器。这种仿古玉比那些用传统方法制的仿古玉要自然古朴得多，以真沁的面纱掩饰着弄虚作伪的手脚。这种手法尽管高明，有许多方面还是无法掩饰的。任何一块天然受沁的玉体，或大或小，或薄或厚，都不可能是一块天然的动物或植物或人物或器物的逼真形体。

充其量只能是某部分能保留在所需要雕塑器物的某部分形体上，大部分形体就要加工雕琢。加工的部位或磨去多余的部分，或要琢刻纹饰，这势必要留下刀痕与磨迹。"马脚"就是从这些地方露出来。片状的玉件，如果利用受沁的老玉件改制，切磨部分就不可能没有痕迹。有时候，人们见到一块片状玉，发现玉较薄，面上有沁色与沁洞，就说是玉皮制的。这要看玉片的另一侧或边棱，如果亦有沁洞或沁痕，将是一块真正的受沁的古玉。因为玉的细密的沁孔一般不可能从一侧穿透到另一侧，就是两毫米的深度也往往不可能；如果穿过，那将是窟窿了。这样的大窟窿不是烂透的，就是人工所为了。

纹　理

玉在形成时，由于成分不同，受力的方向不同，其结构的密度与状态亦不同。

玉的纹理有各种状态：纤维平行状，交织组结状，涡状，曲状……一种玉中可能还有几种不同成分的玉块或颗粒混合在一起。

一块玉的截面上会有各种方向的纹理：纤维平行的，容易出现瑕，或玉纹；如果顺其平行的纤维受沁，沁的状态就是条状，会出现沁沟或沁脉，似刀走过；涡状回旋状的纤维，容易出现团形弧形的瑕脑；玉表的截面如果与平行状纤维垂直，沁斑沁坑便呈现为圆点状、圆点密集叠压状、簇状、或花瓣状。

牛毛纹沁，是顺着玉表的纹理，在玉面上沁染扩展的沁痕，沁入较浅；点状雪花状沁，是与玉面垂直的纤维的横截面受沁的物质不断深入机理而呈现的状态。深入玉机理中的鳞片状沁或鱼脑冻沁，都是沁质顺着玉的纹理垂直或按倾斜的角度沁入玉表深入机理的状态。

71. 玉夔龙纹珩
春秋
宽 7.8cm 高 3.3cm 厚 0.6cm
71. Jade Kui-Dragon Pattern Heng
Spring and Autumn Period
Height 3.3cm Width 7.8cm
Thickness 0.6cm

　　此珩白玉。五色沁：有紫红、黄褐、橙黄、灰黄、灰黑等诸色，玉表有微小沁坑与沁孔。此珩为同心圆环的四分之一部分，珩边缘琢饰阴线，阴线与外缘之间磨外高内低的斜坡；斜坡底部的阴线之内，琢饰两个夔龙纹，龙首上唇上卷，下唇下卷，目椭圆，角与耳为丁字形云纹，唇前饰云纹。所有纹饰均为阳纹，纹饰琢法均运用一面坡阴线之琢法，此法西周以后普遍运用。春秋时期，还运用双阴线阳纹、或单阴线，琢饰形象。此器为珩。珩，在器物的长弧边缘的中间穿孔；璜，在器物的短弧两端的角处穿孔。

古 玉 之 沁

　　我国研究古玉的文献中，多处谈到沁色。刘大同《古玉辨》、李逌宣《玉说》，特别重视玉色；刘子芬《古玉考》谈古玉的软硬与腐朽过程；刘心瑶《玉纪补》谈到土斑；刘大同谈玉的皮壳。当代鉴赏家、收藏家李英豪在《民间玉》中谈及"土吃"、"土蚀"。

　　古玉沁有诸多方面，掌握面宽，对识别鉴赏古玉十分重要。

　　沁色。颜色五花八门，名称花样繁多，不论什么沁色，在玉器上呈现的状态大体有两种：一、玉表沁。玉器表面上沁色呈现的沁点、沁纹、沁脉、沁片(沁块)、沁层。二、玉内沁。单单沁在玉器表面上的沁色几乎少见，沁在玉表上的颜色几乎全部都深入玉表，渗入玉的深层机理之中。沁入玉体之中的颜色的状态，有鳞羽状，有团雾状，有流脉状，有脑冻状。其色均与玉石本色有所不同。

　　沁色，自古有许多仿制品，但人工沁色与入土古玉的自然沁色，是可以分辨的。自然沁色，在玉表上可以看到入沁之门、之通道；后人所做伪沁，不存在这种现象。

　　沁凹。土中的酸、碱、盐、各种矿物质及金属物质，在玉表面腐蚀的痕迹多为凹形状态。有点坑、麻坑，或连成疤痕状，还有沁蚀成脉状或沟渠状。这些沁蚀的凹痕，深浅、大小、多少之不同，表明古玉所处环境的不同，受蚀程度强弱亦不同，沉埋于地下的时间长短也不尽相同。

　　沁孔。沁蚀物质穿透力较强，较为集中，便形成较深较细小的孔洞。沁孔有深穴状，有喇叭状，有管柱状，有单一孔，亦有簇状孔，也有疏星状孔，有蜂窝状孔，也有纤维纵横交织状孔。许多沁孔状态，是不可人为的。比如，十分微细，如发如丝的；在大面积光滑的玉器表面上只有单一或几粒沁孔，沁孔不单细小而且深邃。这些沁孔的状态是难以人为的，或不可人为的。

　　沁坑，也可以仿制，人工沁坑与入土古玉的自然沁坑，大有不同。而惟有古玉上的疏落而微细的沁坑，是难以伪造的，因为沁坑保留沙粒土粒沁后的痕迹。

　　异化沁。玉受灰沁，玉器表面钙化、灰化，钙化层使玉失去原本玉质的本色与本质。这种古玉器表面原本的玉质玉色发生变异的沁蚀，可名为异化沁。这种沁也有人工造伪，即把玉器高温处理之后，玉表便钙化。但是，这与入土古玉自然钙化后呈现的状态，也是大不相同。古玉钙化层表面，一有包浆；二(老三代)玉表有极其细碎的裂纹，裂纹内部灌满浆，浆色异于白色的钙化层；三钙化层面上往往有其它状态的褐色沁斑；四钙化层面上也有沁洞，沁坑。

　　古玉受沁的状态，多种多样，就每一件具体的受沁古玉而言，可能还有极特殊的沁状。比如：象牙沁、磷沁、钾沁、金银沁之外，还有铅锡沁、青铜沁。每种沁都需要有若干实物为佐证，方可总结每种沁的诸种表现。

72. 玉卧蚕纹系璧一对

战国

外径 5.5cm   孔径 1.5cm   厚 0.5cm

72. Pair of Sleeping Silkwor Pattern
Tied Discs

Warring States Period

Diameter 5.5cm Internal Diameter 1.5cm

Thickness 0.5cm

　　此对璧和田白玉。玉表沁有雪花状灰色沁花（在20倍放大镜下观察），一般观察颇似脏色。玉璧内外缘琢阴线，外缘磨出外高内低的斜坡；在外缘与内缘的阴线之内运用减地法琢磨出逗号⌒形凸起，此卧蚕纹并不是单纯围绕圆凸的乳凸（乳丁纹）砣琢一周⌒形的阴线纹，而是⌒形阳纹棱凸，即卧蚕纹（谷纹）的小尾巴亦是棱凸，沿尾巴棱凸的外侧砣琢较长的尾线，以突出卧蚕纹的观察效果。纹饰排列整齐、有序，横直斜齐。地子打磨平滑细腻，纹饰砣琢一丝不苟，每粒卧蚕纹的直径二毫米，加上尾长四毫米，每粒转动砣磨的痕迹却近二十刀（在二十倍放大镜下观察）。可见此系璧制作之精已达到极致的程度，在古玉精品中也极为罕见。

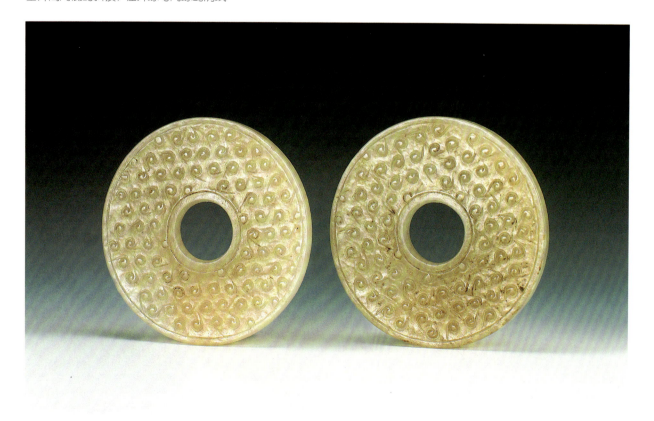

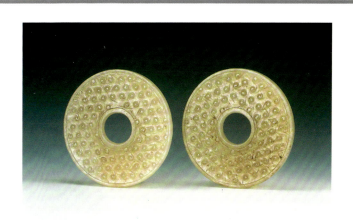

血 沁

古玉受沁为血红色,人称为血沁(亦认为是血的沁色)。呈现为红色血沁的古玉,多为白玉与青白玉;绿玉受红色沁,为紫红或暗红色。此沁亦称为血古尸古。

人们认为血沁十分珍贵。赵汝珍在《古玩指南》中说,赤玉产量最少,人间罕有,是最难得的奇宝。人们得不到这种奇宝,受沁变红的古玉却可以寻到,因此刘大同说,血古尸古最为贵。今天的玩家们也无不特别喜爱"血沁"之古玉。

古玉入土,受沁有各种颜色,鸡血红色是其中一种。这是所有玩家们一致认可的。但是也有人说,当今出土的玉器中没有一种是红色的沁,而现有古玉上的红色是(古)人染上去的。

《中国玉器全集》上就有许多出土古玉,是地地道道的"血沁"。第三卷31图春秋晚期的玉环,血红色,沁得十分深透;93图春秋晚期玉璧与215图战国中期玉龙,应该说都是地地道道的"血沁",从图上看,也决非是古人染上去的。

可是古玉出土时人们也的的确确从未看到有鸡血一样红的受沁古玉。

大凡古玉埋在地下几千年,受沁有的是单一着色,多数是受多种物质沁染。比如先受铁质(包括含铁的尸骨)沁染,便沁为红色,铁质氧化殆尽之后,其它土质矿物质随着水分的沁染,仍继续沁蚀着古玉,于是古玉继续沁染着不同物质经过化学微生物变化后应呈现的颜色,同时玉表面在长期干燥后仍继续着氧化钙化的过程。于是玉表上就覆盖上古玉较普遍存在的钙化层或白色浆膜,于是,入土古玉就失去了原有本色与当初受沁的颜色。于是,人们就误认为,"出土古玉根本就没有血沁"。

这样血沁的出土古玉,如果是薄片状,对着太阳或手电光一照,透过较薄的钙化层或沁膜,血红色便会一目了然。这样的出土古玉,如果到了玩家手中,不出几个月,便会把沁膜或较薄的钙化层盘活,玉质复原,血红色沁便像云开日出一般灿然鲜亮。具有这种亮色的古玉一直使许多人困惑,因为人们根本不可能在古墓中发现过一块这样的古玉。

另外,这样受沁的古玉,出土后,即使不盘玩,如果钙化层不厚,沁膜不厚,经过环境的变化温度湿度的变化,仍自行缓慢地变化,它的血沁色也会从边缘或棱角处渐渐呈现;亮色,或几年,或几十年,终究不会被掩盖或埋没的。

73. 玉卧蚕纹勾连云纹系璧一对

战国

外径 5.5cm 孔径 1.6cm 厚 0.5cm

73. Pairs of Sleeping Silkworm and Continuous Cloud Pattern Tied Discs

Warring States Period

Diameter 5.5cm Internal Diameter 1.6cm

Thickness 0.5cm

　　此对璧和田白玉。玉表沁有雪花状灰色沁花，一般观察颇似脏色。形制与制作方法与玉卧蚕纹系璧大致相同。不同之处有三：①内孔较大些；②内外缘平宽，饰绞丝绳纹；③卧蚕纹较少些，每三粒勾连成如意状∞云纹。其精致程度与前一对系璧相同。

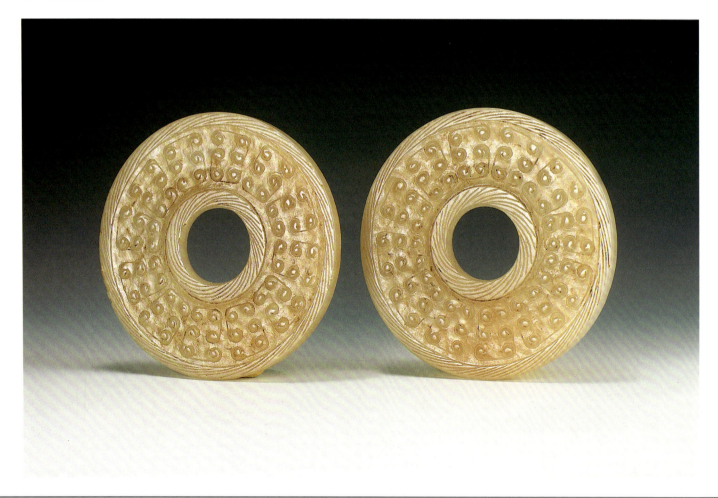

沁 片

　　沁片，包括两个层面：玉表上的沁构成面，即大面积沁；另一种是沿着玉的纹理从表及里向纵深沁入的片状或鳞状沁，沿着纵面沁如果沁润成朵状或云带状，就是人们所说的鱼脑冻。这种沁状的玉，比较透明或半透明，如果不透明，肉眼就无法看到玉内沁的纹理。伪造沁色，只能使玉表或浅层着色。而向纵深处沁润的沁片，自然而然的云朵状沁、鳞羽状沁、脑冻状沁，都是无法伪造的。

沁沟与沁脉

　　古玉，除沁色、沁点、沁坑、沁疤、沁孔之外，还有一种沁迹——沁沟。即沿玉表的瑕疵、玉的纹理或沁蚀过的毛纹或条状磨痕，沁蚀为沟状。沟的凹槽有宽有窄，有深有浅，其状似百溪汇川；沟渠有主干，有毛渠，沟内均有浆覆盖。沁沟重者，又宽又深又长，一目了然，用指可抚摸到沟棱；沁沟轻者，由于沟内有沁色，几乎与沁纹无别，但用放大镜观察，则可见沟之深度与宽度。

　　而沁脉，则不同于沁沟。它是受沁之古玉经盘玩之后，在光滑的玉表面上出现的一种枝脉状的纹理。沁脉有别于周围的沁色，浓于或淡于其周围的沁色；沁脉与沁沟颇相似，有宽有窄，亦有支脉，亦似百溪汇川，由主干与毛渠形成网络状、或枝脉状、或毛羽状。沁脉的包浆，恰恰与沁沟相反，而以凸棱的状态出现在平滑细腻的玉表上；一般用手指抚摸，不会有感觉，如果用放大镜仔细观察，其脉络是高凸于玉表面的。

　　沁脉，是远古玉器受沁的重要标志之一，它是所有古玉仿造者无法攀缘与逾越的"凸峰"。沁脉，之所以不可伪造，就因其脉络高于玉表，其高处是玉浆所凝，玉浆来自受沁的玉内，又与玉表之沁色浑然一体。伪造者只能在玉之外表做文章，何以能够凝造极其微小的或网状或枝脉状或毛羽状的沁脉？

74．玉双龙双凤珩
战国
高 3.5cm　宽 8.3cm　厚 0.3cm
74．Jade Pair of Dragons and Pair of
Phoenix Heng
Warring States Period
Height 3.5cm　Width 8.3cm
Thickness 0.3cm

　　此珩青白玉。上部轻度钙化，一端龙
首内部沁有紫红色(被钙化层覆盖)。此珩
的双龙呈┏┓形，边缘琢阴线。龙首：上
唇长，唇上的卷涡向上；下唇短，内卷，
饰弧丝线；目阔；耳(角)如意云纹形，根
部与额饰卷涡纹；颈弯，带状鬃毛内饰斜
丝纹。龙身：下部双卷涡云纹之中间，饰
双角形双阴线纹，与上部双尖角形鳍相
连，鳍根部饰涡纹。双颈背部之间，镂雕
相对双凤；饰涡纹、双线纹、网纹。所有
涡纹运用一面坡刻琢工法。此珩继承春
秋工法与形制，为战国中期玉品。河南曾
出土战国双龙佩，造型、纹饰与此珩相同
(中国图案大系·2卷)。

沁点 沁坑 沁疤 沁孔

玉器表面接触沁蚀物，如泥沙、灰质、金属物等，所有物质在酸、碱、盐的腐蚀过程中，经过氧化，以及微生物的沁蚀，玉器表面从着色、沁染，由表及里，由点至面，随着时间不断地延长，延长，乃至几百年、几千年之后，坚硬细腻的玉器表面终究坚持不住沁咬，便形成沁点。沁点，是玉器表面受沁最小的单元；土沁为黄点，水沁为雾状白点，锈沁为红点，或紫色或黄色点。沁点如不断扩大，向四周扩展为片状，就是沁片；如果向玉器内部沁润，以纹线的形式延伸，便是沁纹；沁纹与沁纹之间，向玉器纵深处扩展，这种沁片有多种形式：花朵状、雪片状、羽毛状、脑冻状、云雾状等。沁点受沁不断加重，钙化灰化之后，点状部分由于玉质被沁而异化，变得松软，接触水分，或经过温度变化，或经过肌肤汁渍沁渗搓揉之后，便以盐碱或酸化物的形式，逐渐脱离玉器坚硬的玉表，而形成或小或大、或浅或深的坑与麻坑，这就是沁坑。沁坑连成片状，向四周扩展，便成为疤状，可名为沁疤。

沁孔，是沁蚀物在沁坑之中，集中而一地向玉器纵深处沁入，沁坑的底部并非是锅底状，而是垂直的洞孔状，这就是沁孔。沁孔，有大有小，大者可如粟如豆，小者有的肉眼难以辨认，只有在放大镜下才可一目了然。最小的沁孔只有0.5~0.2mm。放大镜如20~50倍，可以观察到孔径0.5~0.2mm的孔洞内，有盐类的结晶体，有金属与灰质的沁蚀物，还有透明的白色丝状或黑色丝状的微生物。这样微小的沁孔内竟有丰富的沁蚀物，这一点足可以验证是自然形成的，而绝非人工所为。由于古玉器的玉质不同，硬度不同，受沁玉表上的纤维结构的方向不同，有的玉器表面多出沁坑，有的则多出沁孔。古玉器上的沁孔，愈微小，愈少，不仅使玉表完美，而且可以据此验证其古玉器的真实可靠。古玉器上的沁孔，由于沁浆较浓较厚，有的竟被浆覆盖，不能一目了然；但古玉器经过长期盘玩之后，沁孔可以显现出来。出土不久的古玉器，有的沁孔可一目了然，但有的古玉因急于盘玩，手中的泥垢与玉浆同时弥在沁孔上，使沁孔变成泥点或黑斑。这样的垢点或垢斑，极难于清除。古玉器入手之后，切不可急盘。

75．玉雷纹璧
汉前
外径 8.2cm　孔径 2.2cm　厚 0.7cm
75. Jade Thunder Pattern Disc
Before Han Dynasty
Diameter 8.2cm　Internal Diameter 2.2cm
Thickness 0.7cm

此璧白玉。沁为黄褐色，当初遍身黄褐色，不见玉质，经把玩已见白色玉质；玉表碎瓷纹较多，器身遍布蚀坑，蚀坑较深较阔；玉内有黄褐色与雾白色沁片与毛纹。玉外缘与孔缘砣琢较宽的一面坡阴线，外缘外侧陡，内孔内侧陡，璧面微隆；运用减地工法，琢饰四个方折阳刻雷纹，均运用一面坡阴线琢法；坡面宽阔，而且高低不平，较为古朴苍拙，粗犷有力。此璧工法与沁蚀程度，应为汉代以前玉品。方折雷纹是商周时期普遍运用的纹饰，璧面隆起尽管红山时期就有，东周至战国玉璧的璧面开始隆起并不少见，因而，此璧在尚缺乏出土文物为证之前，暂定为汉代以前玉璧。而清代倒发现为数不少的雷纹璧，然而，那些雷纹璧均为阴刻，工法较近，缺少古朴之气韵，而且沁蚀较轻，看不出两千余年沁蚀的迹象。

沙 咬 坑

古玉器上的沁点、沁坑、沁孔，一般称为"土咬"。而沙咬坑，是什么样的状态呢？

在玩赏红山文化玉器的过程中，发现一种区别于其它诸种沁蚀状态的迹象，即沙咬坑。有必要把这种沁蚀现象明确描述一下。

玉器受沁，各部位受沁程度，以及受沁蚀的状态，并不均匀，色状不尽相同。玉器沉埋在地下泥土中、沙石中，着物的密度不同，受压的力亦不同，所以玉器各部位所承受的沁蚀程度亦不相同。

沉埋在沙石中的古玉器，由于上部的压力随着历史的延展不断增加，泥沙与沁蚀物凝聚在玉器的表面上。随着沁蚀的加剧，与压力的增强，沙粒便沁压到玉表之内。古玉器在几千年之后，一旦出土，尤其是红山文化玉器，多为沁蚀得千疮百孔，或钙化灰质化，玉质已面目全非。但是，有许多红山玉器由于出土环境干爽，或在水下泥沙中，或在石棺中，玉表则相当完美，

不仅玉色鲜艳如初，受沁亦较浅淡，这样的红山玉器当然为数不多。

少数红山玉器玉表受沁不甚严重，受沁的部位可观察到密集的麻坑，或较疏朗的麻坑。其坑底均为老式锅底状，坑的边缘较圆，仔细推敲，显然是沁在玉表上的沙粒所留下的痕迹。这种沁坑，名之为沙咬坑是恰当的。

红山玉器上钙化或软化的玉面上，容易出现沙咬坑。密集的坑簇，或坑(连成的)疤，其中的坑有大有小，有深有浅，有的大坑中还有小坑。这种坑不难辨其沙咬的迹象，它比一般沁坑要深。

还有一种沙咬坑，由于咬蚀深刻，压力巨大，地下腐蚀的过程即化学反应过程，所形成的高温使古玉表腐蚀后而融化，所沁蚀的沙土已经与玉表相融合。玉表粗糙斑驳，坑坑洼洼，已不见光滑细腻的玉质本色。然而，粗糙的坑洼中仍可辨识"沙咬"的痕迹。

76．玉卧蚕纹剑首
汉代
外径6cm　厚1cm
76. Sleeping Silkworm Ridgeless Jade
 Sword
Han Dynasty
Diameter 6cm Thickness 1cm

　　此剑首青白玉。沁为锈黄色、瓦灰
色；玉表轻度钙化，蚀洞大且深，尤其背
面，蚀坑成片。但经过近十年的保养，蚀
坑(烂坑)已经逐渐被分泌的包浆溢满，在
放大镜下可见浆体溢涨的棱面(未溢满浆

的坑内有白色醭）。出土的远古玉器，如果不加以硬性处理（水煮、洗刷、洗涤剂浸泡等），或强盘，都会自行沁浆，坑疤或裂璺都会包浆，自行弥合，或恢复其色，或变化其色。此剑首造型：正面，琢卧蚕纹（凸起谷纹），边缘琢阴线，阴线之外磨斜坡。谷纹的琢法为——从谷纹圆凸的底部向圆凸的顶部螺旋式攀缘而上，圆转处留有放射状砣磨痕迹。背面，中间钻三孔，中间的孔直穿，两侧的孔斜穿，与中孔对接；三孔外侧磨一个圆，圆边缘为棱凸。这是一件很大的剑首，其剑身应该是一把超常巨剑。

收藏

77. 玉涡纹璧
唐代
外径5.7cm 孔径0.5cm 厚1cm
77. Swirl Pattern Jade Disc
Tang Dynasty
Diameter 5.7cm Internal Diameter 0.5cm
Thickness 1cm

　　此璧白玉分量很重,手感很凉,应是和田仔玉。玉内有白色云雾片状沁;玉表有微小的毛孔状沁坑,布满粗细不一、大小不一的碎瓷纹。涡纹是典型的一面坡制法,坡面抛光,直坡较陡,斜坡面宽,充分表现旋转状涡心的动态。璧边缘磨为圆棱。穿孔螺旋台阶较陡。此璧亦可能是唐以前的玉品。

古玉器表面上的金属闪光

　　玩赏古玉，研究一块玉是否入土受沁的古玉，从玉表上观察有否沁入的金属颗粒，也可以断定其真伪。

　　凡入土受沁的古玉，玉表面在受沁较重较深的部位，多隐含着沁在玉表中的金属颗粒，或银白色，或金黄色，或铅灰色，在日光下有异于玉表光泽的闪光，如寒星点点，火花闪烁。这些沁在玉表上的金属除来自于流动在水土之中的金属之外，主要是随葬的玉品往往与金银首饰、铜铁铅锡等金属器接触较近，金属经过化学变化，从器物主体上腐蚀剥落，扩散到水土中，便容易沁染到玉器的表面上。玉器表面上的金属块粒在经久的岁月中继续经受氧化、酸碱化的浸蚀，这种蚀化的过程，伴随着玉表面的受沁变化而强化。玉表便发生色变，沁色随岁月的深入，不断加深，加重，直至玉表受到腐蚀，金属便沁入玉表。

　　古玉入土受沁的金属，与玉体中的天然金属颗粒，在玉表上的表现不同。玉的晶体中的天然金属块粒或脉状金属，在古玉经过切割加工时，金属粒块或脉状金属往往被切断。这样，玉表上就留下含有金属颗粒的横截面，这个横截面是很明显的。而沁在古玉表面上的金属颗粒比较微小，即或较大些的颗粒也容易辨认。入沁的金属颗粒，往往存在于玉表的沁坑、沁洞中，或玉器的浅表之上，较深较大的沁坑沁洞，有的就是金属发生化学变化侵蚀玉表而形成的。

　　古玉在包浆后，金属沁粒被包浆覆盖。经过盘玩以后，浮浆被盘脱，金属的沁粒便显露出来。金属颗粒经盘玩，磨掉之后，玉表上便会出现新的沁坑与沁孔。有的古玉受金属沁后，金属闪光一目了然。有的金属微粒沁入玉表很深，经过盘玩，会逐渐从玉内分离出来，这种微妙变化，要仔细观察。凡是玉表上有金属沁粒闪光的玉器，十之八九是真古玉。

78．玉孔雀形杯
唐代
高8.6cm　宽6.9cm　厚2.4cm
78. Peacock Shaped Jade Cup
Tang Dynasty
Height 8.6cm Width 6.9cm
Thickness 2.4cm

　　此杯白玉。沁有紫红色、黑红色毛纹、网状纹；玉表有沁坑、密集的毛孔。造型：孔雀头为镂雕，喙粗短，目为平行四边形，长冠前宽后窄，与杯体相连。双翅与胸部平齐，以便立放；翅前部饰短粗的点线纹，后部饰箭簇形羽毛纹；线条粗阔，深刻，刚劲有力。夸张其尾，以展屏的侧面为杯体，杯体亦呈牛角形；杯边沿饰阴线，阴线为双沟阴线(一条阴线的沟底为双沟，并非两条阴线)。孔雀造型，大刀阔斧，线条粗阔有力。

玻 璃 光

清末古玉收藏鉴赏家蔡可权在《辨玉小识》中说，今人偏重生坑，尤注重于所谓玻璃光。古玉之初出土者，其光大都晦而不显，间有一种晶莹澄澈、虽晦亦显者，即俗称所谓玻璃光。李逌宣在《玉说》中称其为天生光。

玻璃光，就是出土古玉玉表异乎寻常地明亮润泽，亮润于一般包浆古玉；玉内晶莹澄澈，沁色深透。

玻璃光，是古玉受沁出土后的一种特殊现象，在受沁古玉中为数极少。

出土古玉何以在玉表上形成玻璃光泽呢？李逌宣认为，天生光(即玻璃光)出乎天然。玉器在土中属窖藏，四围得有价值之物品抵抗土酸，又得地之生气呵护，数千年空虚其中，得地土之精气，并不受地土之剥蚀，其中必有天生光，其酝酿者深也。其意为：①呈现玻璃光之古玉，是窖藏玉；②有异物保护，能够抵抗土蚀；③地气呵护与酝酿而生其光。蔡可权认为：玻璃光其玉质坚固逾于常玉；出于极干爽之土。

古玉受沁，天生玻璃光，应有其特殊原因。

其一，环境因素。古玉环境肯定亢爽，干洁，无或少有沁蚀性较强的物质接触古玉。中土(中原)与西土(西部黄土高原)，天生玻璃光之古玉应多于其它地区；具体墓坑的环境亦应是产生玻璃光的具体原因。

其二，主要因素应是古玉本身。首先，玉质应是坚硬细密于一般常玉，和田玉天生玻璃光应多于别种玉。

其三，主要是古玉在入土之前玉表抛光细腻精致，使玉表的硬度增强，光洁度增强，因而增强了抗蚀力。

其四，古玉在入土之前，已经经过长期佩饰或把玩，使其玉表比精致抛光更为细腻、滑润、光洁，一般沁蚀物难于附着其上；玉表经过几千年有益物质与有益因素的酝酿，使其玉浆弥布在光洁细腻的玉表上，这便是天生玻璃光。在放大镜下观察古玉的玻璃光部分，玉表的沁孔沁坑极小，极密，极浅，只有较硬的玉品经过长期把玩才会产生这种迹象，玉表那种光润度那种细密度绝非抛磨所致，非长期佩饰把玩所不能为也。

79．玉"中"字形鹰

五代

高 7cm　宽 3.8cm　厚 0.8cm

79. " 中 "shaped Jade Eagle

Wudai Period

Height 7cm　Width 3.8cm　Thickness 0.8cm

此鹰青白玉。沁有云雾状白色、微黄色、红褐色、紫红色、灰黑色、碱白色；玉表沁有疤坑。此鹰造型较为奇特：鹰翼为四个角，呈圆方形；头与鹰身、鹰尾，似中字的一竖，头扭向一侧，尾端分三叉。纹饰：鹰目，近似平行四边形；翅肩横饰圆圈纹；肩下与身尾，饰竖短线纹，鹰身上下与中间饰一条中分线；翅与尾的侧面横饰平行线纹。纹饰砣琢深浅，分布有序：圆圈纹最深，竖短线纹较深，横平行线纹次之，中分竖线较浅。沁色深烂蚀重的一侧，平行线纹砣在沁疤之上，可见，此鹰之线应是后工，而此鹰似乎应是更古之玉品。考证：山西潞城县出土战国青铜器上的飞行鸟尾分为三叉，山东苍山县出土东汉铜洗上的图案运用点线纹与圆圈纹，一鸟尾亦近似三叉，唐代金银器上与五代石器上较多运用短线纹与圈纹。因而，从此器的受沁程度与纹饰上看，不应晚于五代。

古玉有两层包浆

古玉从穴坑出土时，玉表以及深层，经过几千年的氧化、酸碱化的腐蚀过程，原来的玉本色或局部或全部会产生很大的变化。凡出土不久而年代够久远的古玉，一旦接触水分，都会分泌一层"浆"。如果突然接触水，玉表的浆似很浓的蛋清，用手指触摸，感到很黏。如果擦去这层浆，玉表便会变得粗糙、干涩，有的会失去晶莹的光泽。刚出土的古玉如果立刻用水煮，玉表也会失去包浆而干涩。许多干涩之玉，未必就是赝品，经过长时间盘玩，玉质苏醒之后，放出光泽而袒露出真象来，是十分喜人而又令人惊叹的。这层浆覆盖的玉表上往往在蚀坑内残存一些附着物质。经温清水浸泡之后，经半年或一年、几年的"养生"，"浆"会像油漆一样干透之后，就会晶莹锃亮，光彩焕发。这层浆便是受沁古玉的第一层浆，应称为生坑包浆(宝浆)。这层浆也是鉴定生坑玉的主要根据之一。这层浆，在玉器长期干燥之中，如

果温度与湿度突然发生变化之后，可能与玉体剥离而脱落，这便是本书图15玉蜂形坠出现玉浆脱落的现象。古玉第一层浆形成之后，由于浆液浓厚，容易把杂质包在玉表上，因而会将古玉覆盖在假象之下，人们容易误其为伪古玉。如果从生坑玉的某个细小部位发现其玉质、颜色、沁色，如果人们不满足生坑之色，可以盘玩，经过足够的时间与相当的工夫，第一层的生坑包浆完全可以"盘"去，玉表的所有较"顽固"的附着物均可以盘脱去，玉质、玉表的沁痕纹理会全部呈现出来。这样的古玉，玩家会一览无余地赏其质色、辨其"年岁"。经过充分盘玩，沁色会凝聚、玉质更加艳美，使人更加爱不释手。这便是熟坑古玉。熟坑的古玉更加油腻腻地润、亮、透。这便是古玉呈现的第二层包浆，应称为熟坑包浆(宝浆)。这层浆是古玉呈现的真实面貌，永远不会再消失。这便是一些玩家喜欢熟坑玉的原因。

80. 玉鱼形坠
辽代
长 5.7cm 高 4.3cm 厚 1.5cm
80. Fish Shaped Jade Pendant
Liao Dynasty
Length 5.7cm Height 4.3cm
Thickness 1.5cm

　　此鱼形坠和田白玉。有灰褐色条纹状沁，沁蚀轻微处有毛纹，玉内有云雾状沁。此坠鱼首呈圆形，鱼尾分卷在鱼身两侧，鱼身亦呈圆形，其形浑圆，便于佩挂。鱼口S形，双阴线纹；鼻孔为穿；鱼目管钻；鱼腮双阴线阳纹。鱼身鳞纹工整，在两鳞相交的角处加饰倒八字纹，加以点缀其鳞。鳍为条棱形，鳍背截面加饰横短线纹与豁口。卷在鱼身两侧的尾鳍颇具对称美感，加磨凹槽，以突出鱼尾的动感与力度。此坠构思精到，工法细腻，在辽代鱼形玉品中是一件难得的精品。

局部沁浆

　　有的远古玉器在保养过程中，由于室内的温度与湿度的变化，局部的刀槽内或腋窝处不断沁出浆来，覆盖处的颜色更为鲜艳浓丽，晶莹锃亮；亦有的凝固为一个斑点，或一个片状，很像凝在玉器表面上的漆点或油片，而且厚者竟高出玉表，有棱感；在玉器的镂空处或钻孔内，常常有沁出的微小的珠状浆粒，清代收藏家李迺宣在《玉说·说出土玉之受沁》中称为泡点。

　　这些不同形式的浆斑、浆片、浆珠，有透明无色的，有带玉表固有的沁色的，如土褐色、铁锈色、漆黑色、奶白色、姜黄色……

　　古玉器上局部沁浆的现象是古玉受沁后的一种活性状态，亦是受沁古玉的一种特殊的沁浆状态。我们也可以据此判断一块古玉的真实性。

古玉玉表脏色的脱变

　　入土古玉受沁后，都要沁染上玉本色以外的颜色。有的白玉在玉表上除沁上异色而外，往往容易染上脏色：似泥土、似油垢、似酱油米醋等不甚美观不够艳丽的土眉土眼的脏色。一块很精致的玉品，沾染上脏色，令人十分惋惜。有的人，急于使玉器干净，就用水煮，用洗涤剂洗，用布擦……这些方法，多是不奏效的，往往扼止了玉的活性变化，玉反而"脏"得更加明显，或玉表产生不良的变化。受沁、钙化的白玉上的脏色，如何才能脱去呢？经验就是"养"。无论玉怎么脏，千万不要用化学物质的洗涤剂清洗，也不要用开水煮，更不要硬擦磨。只要用凉水或温水浸泡即可。初次入水时间可长些，几分钟到几小时均可，以后用水蘸一下即可，沾水后放在荫凉处晾干。三五天一次，十天二十天一次均可，经过几个月或一年两年，玉表上会自然而然地洁净起来。人们不禁会惊奇地想：原来玉表上的脏色脏物哪儿去了呢？沁在玉表上的脏东西，由于玉表接触水后，从玉内分沁出宝浆，宝浆便将泥垢分泌到玉表之外，逐渐从玉表上脱去了。

81.　玉神兽形坠

元代

长 6cm　高 4.5cm　厚 1.3cm

81. Sacred Beast Shape Jade Pendant　Yuan
Dynasty

Length 6cm　Height 4.5cm　Thickness 1.3cm

　　此坠和田白玉。沁为红色。造型椭圆，玉器边缘凡是兽的主要部位则琢为棱凸。兽首，在圆的截面上琢宽鼻，口、目、眉向两个侧面延展，眉饰短斜线纹；额上圆凸为粗短的独角，角后是如意形

耳；棱腮上饰短斜线纹，棱后琢深槽，棱前磨浅凹槽；腮前为宽阔的兽面；其形似虎似龙，又都不似。兽首之下是前伸三爪足，足爪粗大，可见其威猛之势，足肘饰短斜线纹，肘窝为单阴线旋涡纹，后足刻琢纹饰与前足相同；后足之上为粗尾，尾内磨凹槽，槽两侧的棱上琢阴线，以突出尾之粗壮有力，尾端亦为单阴线旋涡纹；兽背琢饰方折丁字纹形阳纹棱，此纹饰与兽的"圆"形风格相反，形成鲜明对比，其为何物，其意何在，不得而知。因而，更加增强此神兽的神秘感与辟邪作用。

古玉复原

明清时人玩玉之风，可以说胜过今人。虽然考古学远不如当今，但是研究与实践，或者说把玩（盘功)体会与经验却是可靠的。

清人陈原心《玉纪》中说，古玉复原时，水银自然去尽，渐渐透明，颜色徐徐融化，地涨层层透足，色浆处处饱满，三年不间断可以成功。刘子芬《古玉考》、刘大同《古玉辨》都谈到玉性可以复生，玉质可以复原。

古玉复原，主要靠盘功。刘大同说，秦汉古玉，二三年微变，再养数年即鲜明，十余年后或可复原。三代古玉，非六七十年不易奏效。

完全钙化的三代古玉，如若复原，的确不是轻而易举之事。

六七十年盘玩一件玉，用几乎一生的时间使其复原，其古玉复原的希望太遥远、太渺茫。一件三代古玉如其如此难以复原，我想，不会有人付出一生的时光，枯燥地把玩仅仅一件东西。看来，刘说，有些过分，把古玉的复原过程看得过于艰难，严重。

我曾在北京皇城根儿得到一件东周的玉爵。其品相不堪入目，黑乎乎，脏兮兮，油腻腻，大有人工沁色涂油之嫌。但在20倍放大镜之下，在污浊杂质中隐约可见到白玉质与自然沁迹。我曾认真盘玩了一段时间，之后时盘时歇，黑迹渐脱，褐色面积缩小，白色玉质逐渐鲜明，而且不断扩展，现在已经鲜明起来。真正在手中把玩的时间，只不过四五个月晚上看电视的时光。

古玉复原说，是有根据的，是经验之谈。如果不时地盘玩一件古玉，复原的过程也不会使玩家望而生畏，或无耐心而失望。如果再增进一些新的玩玉方法，定会加快古玉复原的过程，大大缩短复原的时间。

82．玉辟邪

元代

长 10cm　宽 8cm　高 5.4cm

82. Jade Bixie

Yuan Dynasty

Length 10cm Width 8cm Height 5.4cm

　　此辟邪和田白玉。沁有浅淡的微红色与些微的雾白点，遍身玻璃光泽。其形为卧式，三足前伸，一足后蜷。张口错齿，舌伸上翘；蒜头鼻，前凸；目椭圆，上眼睑高；眉宽，饰平行线纹，眉梢饰涡纹；双耳向后，长尖叶形；角长，分叉，角叠压向后，根粗尖细，角上饰坑纹；耳下鬃毛向后向颌下飘散纷扬，琢为阳纹棱，颇见工力；其首为典型的龙首，颇似汉代龙首。脊为连珠形的棱凸，棱凸两侧为长齿形鬣毛，向斜后方分披，毛缕上为细阴线纹，极精细。尾为绳纹形，盘在后右足内，"绳"上饰绞丝纹，可谓精中再精，细中加细，其特征亦像汉时兽尾。

83．　玉虎面形坠
明代
外径5．7cm　厚1．3cm
83. Tiger Face Shaped Jade Pendant
Ming Dynasty
Diameter 5.7cm Thickness 1.3cm

　　此佩青玉。沁为烟色、灰色、白色与
微黄色云雾状，背面有鳞片状乌云沁，有
沁孔连成线槽的沁沟。此佩造型：在圆饼
形玉料上，一侧运用浮雕工法，塑造虎
面。虎目圆小，用管钻钻就；虎眉宽而上
卷，饰平行斜线纹；蒜头鼻，较宽；鼻
两侧的胡须高而宽长，呈横置的S形，下
侧边缘琢饰阴线；开口，下唇为圆弧形；
双耳上竖，尖桃形；额上饰"王"字，鬃
毛的涡纹以示其浓密而弯卷之状。上部
钻孔。其目、其耳、其鼻之状，颇似明代
石狮的形状。此虎面形象较为凶庚可怖，
并饰以"王"字，更为不可侵犯。可见，
此佩有辟邪之作用。

古玉养浆法

古玉包浆有四种现象：①出土时已经包浆；②出土后经过一定时间，在一定温度湿度中自行包浆；③浸泡包浆；④把玩中包浆。

第三种方法，是本人把玩古玉养古玉包浆的亲身体验。此法尽管简单，却尚无人言及。玩家们若怀疑，不妨一试。

试品条件：①远古玉器真品，②尚未包浆，③未经盘玩，④未经水煮(或烫)，⑤未经洗刷或接触化学品(洗涤剂之类)。

方法：①将古玉原模原样放入温清水中(玉表上的附着物会即刻脱落，比刷洗还干净)，浸泡30分钟，沁蚀重者或钙化者还可延长时间。②从水中取出，绝不能擦拭(因为古玉受沁的物质接触水后，会发生化学反应，并产生浆体物质)，放在或悬空架在玻璃或玻璃器皿上，使之阴干。③古玉入水有两种反应：第一种，玉表上全部覆盖很黏稠(这说明此玉出土不久并未接触过水)的液体，阴干后亦不要盘摸或擦拭，晾在通风温润避光之处，使

其自行进一步酝酿。经过十天半月，玉浆"瓷实"之后，再度浸泡。第二种，玉表上的水无黏性，可以反复浸泡，反复阴干，几日、几周之内均可反复浸晾。玉表上如发现有个别水珠久久不干，那么这颗水滴中可能已经含浆。试摸，可以感到黏性。这说明此玉已经开始复苏与泌浆。这样的水滴干后，斜视(视线与玉表近于平行)玉表，可以看到晶莹莹的点片状亮斑，这可以称作点状包浆。经过反复浸晾，浆点会逐渐扩大为片，片扩大为面。

远古玉器经过如此一两年(或时间更长些)的保养，再擦拭此玉品，就会发现惊喜——光润晶亮的宝(包)浆已经覆盖全部玉体。

有了这种体验，玩远古玉会增添信心和把握！远古玉可以养浆这一现象，可以用来验证真伪，亦可以提示我们，干巴巴没有包浆的玉品不一定就是赝品。干巴巴的、乌漆麻黑的、不起眼的古玉之中，往往失落着精品、绝品。

84．玉蝶形佩
明代
高6.2cm 宽9.4cm 厚2cm
84. Butterfly Shaped Jade Ornament
Ming Dynasty
Height 6.2cm Width 9.4cm Thickness 2cm

　　此佩青白玉。沁为烟灰色，有白色云
雾状沁与灰色毛纹状沁。此蝶造型新颖，
蝶体为略方圆柱形玉瑯状，从上至下有
穿孔，饰乳凸纹。乳凸的制作与谷纹的制
作相同——在每一个等边六边形中磨制
乳凸，所以，从上而下从左上而右下、从
右上而左下几个方向观察，乳凸都排列
有序，具有整齐之美感。双翅对称磨出弧
形凹槽，槽内横磨，两个凹槽之间形成阳
纹弧线棱，在棱上砣琢细阴线；这样，蝶
翅上的光就会交相辉映，十分醒目；翅端
的圆棱内侧，管钻圆圈纹。上部一对蝶须
为半环形。如此图案的蝶形佩，颇具棱凸
之美感、线条之美感。

钻　孔

　　古玉除了部分圆雕，多数都有钻孔，以便挂系、佩戴、装饰。不同时代，使用不同的钻孔工具。从手钻到使用钻床，从使用简陋的木制钻到现代的金属钻，从石钻到高硬度的钢钻，经历了几千年的漫长历史。

　　所以，研究玉器上的钻孔，是鉴定古玉的重要方法之一。

　　新石器时代钻孔，用石钻蘸解玉砂，以加强钻的硬度与刮削力，这种石钻就是"他山之石可以攻玉"的比玉更硬的宝玉石、金刚砂之类。由于硬度有限，往往一面穿不透，还要从另一面对穿钻。内部的径越小，这就使对穿孔的两侧往往对不齐，常常交错；或者钻头越往玉内钻，磨损越大，钻头较细的部分在前端，较粗的部分在后部，深入玉内，就出现了外大内小的喇叭状的孔。这种孔原始玉器上颇多，而且孔内有螺旋纹棱，甚至有的孔根本不圆，由几个凹形(瓦形)的坑凹连成一个孔的内壁，孔内高低深浅不一。商周以后的孔就较为工整。

　　古玉的孔内多数都有沁色，有碱沁，有包浆。浆饱满浓厚，往往能把孔内棱上的螺旋弥盖。孔内包浆后，如果未沾异质，而明净发光，则容易被认为是新钻的孔。

　　玉沁的色彩与花玉的色彩不同。花玉的彩色有天然结构组合的迹象，玉内玉外，彩色纹理均匀，缺少沁色的层次感。彩沁，多在局部、表层，即使沁深沁透，各部分的明暗深浅亦可见到层次。尤其是在钻孔与玉表的衔接处，有渗透的痕迹，从此处是容易发现真伪之迹的。

　　真古玉品，钻孔周围如有沁，沁色或断面沁片或牛毛纹沁，会明显地从玉表延伸入到钻孔的边缘，直至孔内部，孔的棱往往会像沟槽一样挡截沁色的渗入。

　　玉品的钻孔内一旦发现有蚀孔、沁坑、沁片、沁色、碱盐沁或包浆，这种玉品，断为古玉真品，较为可靠。

　　有例外，有的古玉、甚至远古玉品的孔内，恰恰没有受沁，如果包浆也没有，但也不要就此轻易否定，还要从它本身的其它方面寻找真迹；如果无迹可寻，那就只好排除在有把握的古玉品之外。因为，有的个别古玉器孔内不曾受沁。

85. 玉独角翼兽(龙)
明清
长 13cm　宽 3.8cm　高 8.4cm
85. Unicorn Winged Beast
(Dragon) Jade
Ming or Qing Dynasty
Length 13cm　Width 3.8cm　Height 8.4cm

　　此独角翼兽白玉。沁有淡黄色、雾白色瑕脑状纹，口部有沁坑，有几处金属黑色沁花。此兽造型：张口、直颈、直身、卷尾、直蹬前肢、屈蹲后肢，作虎跃、挑斗、击杀之状。其独角、握爪、卷尾、翅羽之状，均有汉代之特征；张口阔唇之状、前蹬双肢之状、臀部之纹饰、以及威

猛之动式，颇有南朝与北魏狮兽之特征，尽管造型威猛，气势逼人，抛制精细，但是，仔细推敲刀工，却不具备汉代刚劲而细致、工整而有致、连续不断的刀工的特征。此兽(龙)之阴纹与阳纹的砣工较乱，深浅不一，断续无常，圆转生硬，惟一能弥补其缺欠之处，便是"加磨"，线坡与凹窝，凡露出"败刀"处，均加以精心磨光。此兽的作者对古代(汉)的工法既不熟悉更不熟练。其"紊乱"的工法，说明是明清时代的操作。此兽应是龙，战国以前，龙有角有足，与兽无大分别。汉代的龙多有羽翼。那时的龙多种多样：螭龙、鱼龙、龟龙、虺龙(蛇身龙)、虬龙(一角之小龙、龙子)、夔龙(无足尾分叉之龙或独

脚之龙)等。长翼之兽，应叫翼龙，古称应龙。《大荒东经》："大荒东北隅中，有山名曰凶犁土丘，应龙处南极，杀蚩尤与夸父。不得复上。故下(天下)数旱，旱而为应龙之状，乃得大雨。"郭璞注："应龙，龙有翼者也。"在炎帝与黄帝大战之中，应龙杀了蚩尤与夸父，为黄帝立了功劳，为一方之神主。《大荒北经》，应龙杀蚩尤与夸父后，乃去南方，故南方多雨。旱，虽然是它的罪状，但毕竟能旱后大雨。大概古代祈雨，少不了要向应龙祭献牲血与圭璧。此独角龙(兽)应是远古神话传说的形象的艺术化，或亦有祈雨之功用。

远古玉器的八点天然特征
——古玉八条鉴定法

　　远古玉精品十分珍稀，奇品绝品可以说价值连城。玩赏古玉，谁都希望能得到精品、奇品、绝品。有的远古玉品一见便知其品位；有的却未必能一目了然，即需一个相当时间的把玩过程，待其脱胎后，方显出其精绝的本质；甚至有的玉品在粗劣、伪冒的面貌中蒙受被弃绝的遭遇。古玉精品绝品存在于古玉真品之中，只要掌握古玉真品的特征，不被赝品蒙骗，就不愁遇不到精品绝品。

　　一件古玉品在具备其时代特征的前提下，还应从以下八个方面检验其真伪：

　　1.天然沁孔。在20～50倍的放大镜下，可一目了然。真远古玉品的沁孔内，纹理呈丝状，孔在纵横交错的纤维的缝隙中不断深入玉理。孔无论多么微小，其中均有沁入的颗粒状物质，或盐碱物质，或

金属物质，或其它泥沙物质，并且其物质上凝有不同于玉质的颜色。

　　2.玉器的凹洼处、镂雕的穿透处、对穿孔内部，如有沁孔，这样的玉品一般不会是赝品。

　　3.天然的沁色。其色呈纹状、点状、片状、花状、脉状；其色不是单一的，由表及里，伴随片状或脑冻状，深入玉品内部机理之中。沁色不应只存在于玉品的一个侧面或一个局部，而是几个侧面，尤其相邻的两个或三个侧面都应有沁。如果是单一侧面或局部有沁，有可能是老玉新工，或利用天然玉皮所为。

　　4.玉品的表面上，有后沁入的金属闪光点。这种光点有黄色、灰色、白色等。

　　5.玉品钙化层上，或裂璺处，或凹腋处有包浆。

　　6.出土不久的远古玉，玉表有

黏乎乎、油腻腻之感；经一段时间保养，再擦拭，会出现晶莹润泽的浆色之光；再经盘玩，远古的瑕璺或裂纹上有一层光亮的弥合后的浆色。

　　7．入水，可试远古玉品的真伪。①一切附着物会立刻脱落；②玉器表面会沁出一层如蛋清似的液体黏浆状物；③水中有极微小的气泡组成的白色水线，从玉器表面上分泌出来，有的可发出咝咝之声。

　　8.气味。入土入葬的古玉品，跟青铜器、陶瓷器、古钱一样，带有似土非土似木非木的浓烈刺鼻的墓腐之气味，亦有混合着樟脑或其它气味者。

　　一件远古玉品，不可能全部具备以上八个条件，如兼备其中几条，就足可以鉴定其为真品。

86. 玉牛
明清
长 21.5cm 宽 7.2cm 高 12.5cm
86. Jade Ox
Ming or Qing Dynasty
Length 21.5cm Width 7.2cm Height 12.5cm

此牛青黄玉。沁为红黄色，有朱砂斑；玉表有沁坑、沁疤、沁孔；玉内有云雾状沁与灰黑色毛纹。此牛为南方耕牛——水牛，牛面与角平直，嘴向前，角向后斜，四肢向前蹬，身体向后倾，其状延袭殷商圆雕站立牛的造型。此牛上下唇为方形，口唇阴线为へ形，双鼻鼓凸，缰绳穿鼻搭在背肩之上；目圆凸，琢棱，加琢前后眼角线，上眼睑棱外侧加磨凹槽，之上方显出"眉棱"；长耳贴在角后，耳中琢沟；颈琢磨弦纹棱，以示皮皱；大腹便便，圆凸下垂，饰弧棱纹；蹄分瓣，肢后琢槽，以示筋腿之力度；尾弯，贴在右侧臀胯处，运用减地、琢沟、磨坡之工法，以突显其粗壮。尾端为毛笔端形，在涡纹之前饰丝线纹；蹄上的肢端、下颌与腮的边缘、耳的边缘，均饰短线纹，以示其毛；正面门处饰涡纹。此牛造型与纹饰颇具古风：躯体向后的趋势、平直的面门、方直的嘴端、凹弧形的肘腋、贴身的尾，诸特征朴拙厚实；へ形双唇、涡纹丝纹尾端、以及短斜线纹饰，均为图案化的时代标志。此水牛，由于缺少文物为佐证，如果尚不能断为更古玉品，那么也应是明清仿古玉器。

后 记

六七年前,就立下出版此书的宏愿。那时由于出刊任重,腾不出时间来专心写玩玉的文字。到了退休,才把精力全部集中在撰著此书的文字上。但关于古玉的历史与知识,对于当编辑的我来说,只能说一知半解。为了使本书的文字更加确凿有据,翻阅了大量古籍与有关藏玉赏玉的文字。仅《山海经》就通阅了三遍。

写书的过程,亦是学习的过程,真是翻卷有益,受益匪浅,获得了许多颇有研究价值的知识。比如:我国古代染玉,到底什么时候开始?有的说,产生于明清仿古玉;也有的说,是在晋代。其实,《山海经》早已记载,在远古时代,古人已用"血(染)玉"祭神。关于汉代双钩碾琢法,一般都认为是双条阴线,而明代高濂所说的汉代双钩碾琢法,则应是指一条阴线底沟上有双条沟。本人观察汉代玉品的单细阴线的底沟,确实有如双轨形的沟。关于远古时代我国北方的许多国家(儋耳国、毛民国、玄股、犬封国、戎等)都应是红山文化区古人的活动范围。

十多年来,我对古玉,尤其对汉代以前的古玉,喜爱程度真是天天玉不去身,时时玉不释手,一只放大镜随身带,工作之余也要偷闲观察一番,出行办事手上亦盘玉不止,每每为玉表上出现的异样新色而暗暗自喜。玩味古玉的诸多体会,点点滴滴积累起来,现在与玉品同时出版,愿与收藏家们"奇文"共商讨,异义相与析。

此书几次易稿易品,几次拍照,可谓"几年磨一书"。

此书能够出版,要感谢朋友们的支持与合作。

首先,要感谢故宫博物院古玉研究专家周南泉先生,他亦是我的老师、好友。他不辞辛苦,千里迢迢赴哈尔滨鉴玉选玉,并为本书撰写序言,我实在感激万分。周先生认为,帮助收藏家出书是好事,有利于推广收藏,提高收藏家的鉴赏水平,有利于防止民间文物的流失。为确保本书的质量,他严格把关,一丝不苟。莫说赝品,就是品位不高、价值不大的真品,亦清除书外。在我们的交往中,我从未见过他有一丝一毫的专家的架子,他总是给人一种尊师、兄长、好友的关心、爱护与诚挚。我感到,我们不仅志趣爱好相投,而且我们的感情已经相融。我为自己能够结识这样一位兄长与老师,感到十分欣慰与荣幸。

另外,这本书能够出版,有赖于文物出版社的大力支持。在此,谨向文物出版社的领导以及为本书出版付出辛勤劳动的诸位同志致以由衷的谢意。

最后,希望古玉收藏家、古玉研究家、古玉鉴定专家们以及各位读者不吝赐教,以匡正其误。